中公クラシックス J47

二宮尊徳
二宮翁夜話

児 玉 幸 多 訳

中央公論新社

目次

尊徳をどう読み解くか

小林惟司

二宮尊徳の時代的背景

二宮尊徳の登場した幕末の時代的な社会背景をみると、たとえば昭和から平成にかけての日本の現代史とよく似ている。

尊徳が生まれたのは天明七（一七八七）年、当時の老中田沼意次は、貿易奨励、新田開発などの積極政策をとっていた。さらに商業資本を重んじて殖産興業にも力を入れ、一種の高度経済成長政策をとった。しかし封建社会の政治の基本理念は貴穀賤金で、政策的には尊農抑商であった。田沼が失脚して、松平定信が登場し、「寛政の改革」を行った。十九世紀の初めで、ちょうどこの時代から二宮尊徳が登場してくる。

十九世紀初頭の、百花斉放の文化・文政の時代になると庶民の生活は派手になる一方、高度成長が限界に達し、その反動のように飢饉や天災が起こり、都市と農村という消費と生産の社会矛盾が顕在化する冬の時代が到来した。さらに天保の時代になると、農民は年貢の重圧で困窮することになる。あちこちに飢饉が起こる。「失われた二〇年」で停滞し、デフレスパイラルに陥り、混乱する今日の日本経済の、中枢を担う企業の相次ぐ倒産劇と似ている。

今日、食糧の自給体制が叫ばれながら、TPP（環太平洋経済連携協定）の到来に新しい黒船を見る農業関係者もいるが、二宮尊徳の農村改良活動も、いわば絶体絶命の危機的状況の中で始められたといっていい。文化・文政に続く天保という時代には、幕藩体制の問題点が同時多発的に頻出し、百姓一揆を起こす余力すら農村にはなかった。人口減少、生産力低下で農民はバクチや弦歌のさざめく巷に逃避していった。

そういう状況の下で、二宮金次郎尊徳は、農業振興のために農民の先頭に立つことになる。

農村改良者の登場

このような国家的危機を救うために立ち上がったのはひとり尊徳だけではなかった。

同時代人としての経世家には、海保青陵《かいほせいりょう》、佐藤信淵《さとうのぶひろ》、大原幽学《おおはらゆうがく》、大蔵永常《おおくらながつね》がある。このうち青陵、信淵、永常は文筆の人であり、実践の人ではなかった。ただわずかに幽学だけは、実践的教育家・実践家として尊徳に近いが、あくまで彼は武士出身であり、農民出身の尊徳とは異なる。ただこの二人が、大衆指導者としての卓越した人格・行動力をもっていたことは銘記されてよい。幽学は稲の正条植《せいじょううえ》（縄・定規・磁石を用いた田植の方法）を行い、農業技術の改良普及をめざした。性学《せいがく》を唱え、道徳と経済の調和を説くも、幕府に忌避され自裁する。尊徳も農業技術の普及指導にとどまらず、農耕することを思想に昇華させる。つねに農民の生活に添いながら農村改良をめざした、独自の光彩を放って位置づけられるのは尊徳であろう。ならば尊徳は、なぜにかくあったのだろうか。

尊徳の存在感

尊徳はいわゆる農学者ではない。むしろ学者と坊主をきらうと公言していた。ところが、晩年の彼の周囲に多くの門下生や崇拝者が集まっていた。

かれらは、尊徳の言行録を残して多く後世に伝えた。とくに『二宮尊徳全集』三六巻（一冊一〇〇〇頁余）があり、その原本二五〇〇冊は今は日光市今市の報徳文庫に収蔵されている。先年ドイツの学者がこれをみて世界一大量の著述であると折り紙をつけていた。

その内容の大半は、彼が復興した村落六百余カ村の仕法書である。ここに彼の一円融合という経営哲学の集大成が保管されている。その哲理は、今日のわれわれに多くの問題をなげかけている。

人類の生活原理

尊徳は、当時の経世家たちと比べて特別の哲理を身につけていた。これは彼の好んだ読書から得た学問がその源泉である。とはいえ、学問とはいっても、幕藩体制の下での制約から、読書の範囲は自ずから限られたものとなる。いきおい『大学』『論語』をはじめとする四書五経が中心である。少ない書物を尊徳は独自の方法で読んで、間違いがあれば、その部分を削りとる意気込みであった。数少ない学書のなかから、その片言隻語のうちから、彼は自らの経験と合致する箇所を見逃さない。義太夫語りが「太功記十段目」(「太十」)にある「不義の富貴は浮べる雲」というと、桟敷にいた尊徳が思わず大声で「そこじゃ」と叫んだという。その雷のような大音声に太夫は後を続けられなくなったと伝えられる。

彼の学問は机上の死学問ではない。胸中の疑問を解決するためである。同時に、納得した解決策を直ちに実践しようとするものであった。

富貴と正義

尊徳の心のうちでは、つねに富貴と正義とが核心となっていた。「太十」ではないが「不義の富貴」はいけない。しかし、貧しい者は多少不義の懸念はあるとしても、金《かね》を得られれば得たいという誘惑に駆られもするであろう。しかしそうした悪魔のささやきを断乎として斥けたのは、彼の人格と貯えた学問の力だったのではなかろうか。

そして、尊徳は金を排斥しない。武士道道徳的な、観念的な金銭蔑視はしないのである。経済的独立なくして精神的独立なしとの堅い信念があった所以である。これは奇しくも福澤諭吉と同じ地平である。とくに尊徳の場合、幾多の廃家寸前の家政整理や農地の復興、領主財政の再建を実現していくうえで、金の重要性は十分以上に承知していた。正当な報酬は出すべきであるし、対価として報酬があるのは当然と考える。

正当な報酬

では正当な報酬とは何か。ここに独特の思想を展開する。

父利右衛門が病気になり、薬料を払うため、祖先伝来の田地を売って二両を得た。これを薬代とした。ところが病が癒えたのち父は嘆いた。

「貧富は時にして免れ難しと雖も、田地は祖先の田地なり、我が治病の為に之を減ずること豈《あに》不幸の罪を免れんや。然りと雖も医薬其価を謝せずんばあるべからず」(『報徳記』巻一)。この言葉を尊徳は終生忘れなかった。どんなに苦しくとも報酬は支払うべきであるという哲学をしっかり身につけた。負債を支払わないのは不義である、と。

利右衛門を診た医者は、赤貧洗うような生活のなかから二両という大金をどうして工面したかを問うて驚き、薬料は要らぬと断った。利右衛門は医者に半金を渡して帰ったが「利右衛門医の義言を悦び両手を舞して歩行す」。

その様子をみて、尊徳はそのよろこぶ理由を問うと父は言う。

「医の慈言此の如し、我汝等を養育する事を得たり。是を以て悦びに堪えず」

このときの父の満面の笑みこそが少年尊徳の胸に深くきざみこまれたであろう。

ところが家産を尽くしての看病の甲斐なく、父は四十八歳で没した。田畑は七反五畝二九歩に減っていた。

「飯と汁木綿着物ぞ身を助く　其余は我をせむるのみなり」

彼の後年のこの道歌には尊徳の全生涯が凝縮されている。これ以上の物財は要らない。必要以上の物財をもつことはいたずらに精神を疲労させるだけだ。

心の喜びは物財に優る――創造の喜び

では人間にとって何が重要であるのか。心底からの心の喜びである。金や物財ではなく、具体的な仕事そのものから得られる喜びである。

少年金次郎はわずかの菜種を植えて何升かの実を得た。十七歳の時のことである。捨てられていた苗を荒地の水たまりに植えてみたら、秋には一俵余の籾米がとれた。意外な収穫によって得た喜びはたとえようがない。物を創る、無から有を生ずる創造の喜び――この喜びは金で買えるものではない。人が道端《みちばた》に棄てて顧みないものを価値あるものに蘇生させるそのうれしさは、たとえようもないほど大きいことを冷暖自知した。そしてこの喜悦の情こそが物を創る者への自然のめぐみ、報酬であると彼は悟ったのである。

感性・使命感・勇気の人

人が棄てたものから物を創り出すことは誰でもできることかもしれない。しかし、ここに天地のめぐみを感じうるかどうか。するどい感性がなければ、真の宇宙の真理までかぎつけることはできないのではないか。そこに選ばれし者の使命観があった。

物を育て上げる喜び、創造の喜びは、やがて一家、一村を育て上げる意欲へと昇華していく。一家、一村を再建するには、一人ではできない。多くの人々の協力がいる。そのためには協働する組織を創ること、さらには組織を創り得る人材の育成が必要となる。この一連の過程は、一つ一つがすべて手探りであり、創造への旅である。創造とは、前例を踏襲しないことである。手本がない。あくまでオリジナルでなければならない。尊徳は「海図なき時代」に自ら乗り出したのである。そこに一番必要なのは勇気である。

ならばその勇気はどこから出てきたのか。

彼は三回の零《ゼロ》体験をしているという。第一回は小田原の酒匂川《さかわ》大洪水（一八〇二年）、第二回は小田原藩より依頼された野州（栃木県）の桜町陣屋移住（一八二三年）、最後は成田山祈誓（一八二九年）である。酒匂川洪水は父の田畑の過半を剝奪した。野州桜町の領地再建には背水の陣で赴いた。その桜町での農業共同体の試みが上役の執拗な妨害工作で行き詰まって成田山に参籠した……。

どれも強烈な蹉跌の体験である。ところが、そのつど、金次郎尊徳はどん底生活から自力で立ち上がった。こういう人間は強い力をもつ。やればできるという自信が不可能を可能に変える。人間のもつ精神力の強さが大きな勇気を尊徳に与えたのである。鍛えられた体験によって揺るぎない信念が形成される。これは机上の理論ではなく、体験から滲み出した直観である。議論ではなくて実践での力である。このような強い信念が独特の人間力を付与することになる。

尊徳における創造の喜びは純一無雑である。挾雑物はいらない。純一無雑の創造の喜びこそが天の与える最大最高の報酬であった。尊徳が多くの仕法を行ったそもそもの動機を考えてみると名誉心や功名心以上に、確固たる心棒として屹立していたのは、この創造の喜びであった。

他人の目には、芸術家ではあるまいし、創造の喜びだけでは、食うに困らないかと卑俗、かつ当然な疑問が生ずる。ところが彼は、食うに困ることは絶対にないとの信念と自負をもっていた。「一汁一菜」と「木綿着物」さえあればそれで十分、天は決して働く者を見捨てることはないとかたく信じていた。これも彼の零体験から得た確信である。もし天が人間に保障する分度（後述）以上を望めば、そこに他人との争いや脅迫や詐欺など醜い悪徳の修羅場が展開する。そんなことよりも、ものを育て、こつこつと努力して得られる天与の喜びを受けた方がどれほど人生を豊かにし、楽しいものにするか計り知れない。この哲学は、少年時代の体験によって信念にまで昇華していたものであった。これは学者先生の訓戒や道話からの理窟ではない。過酷な現実の事実から得た体験知が信念となったものである。尊徳には具体的な事実こそが真実なのであった。

尊徳の再評価

こうした経歴と人生観をもつ尊徳が数々の実践を通じて、どれほど日本人を勇気づけたかは計り知れない。

今日ほど尊徳の思想を五臓六腑にしみこませてこれを拳拳服膺《けんけんふくよう》する好機はない。第二次世界大戦前に、尊徳像は戦争指導者に利用された苦い体験があり、その評価は壺の中の滓《おり》のように沈澱して歪められた。敗戦直後には反動として大衆から抹殺されかけたが、はたしてそのままでいいものか。例えば二十一世紀現在のこの混迷した世相と政治指導層のありようは、心棒を失い、羅針盤を失って波の間に間に漂流する船の姿に似ている。思うに、家を築き、町村を治め、国や社会を良くする実践徳目がないからではないか。そうした価値基準がないままでどうして人間をつくることができようか。日本の道徳教育を根本から考え直さないとわが国は世界の中に独立して位置づけることはできなくなるのではないか。

実践徳目

尊徳は三十六歳から七十歳まで三五年間農村の救済復興のために尽くした。その方式を仕法《しほう》という。仕法の基本は、報徳・勤労・分度・推譲の四つであった。この四つが今日で言う実践徳目である。

簡単に説明しておこう。まず報徳は生活の信条である。人間は天地人三才の恩徳によって生かされている。人間は米一粒すら、自分の力ではつくれない。みな天地人三才の恩徳によるものである。この自覚があれば、恩徳への恩返しに、働くという人生観が生まれてくる。それが報徳である。天地人から受けとる恩徳は無限である。だから力の限り働いて返そうとする情熱がわく。この情熱が時間をこえて働かずにはおられなくさせる。この働きのことを勤労という。勤労は物を作ることである。そして「積小為大」。小さなことを怠らないでつとめれば、やがて大きな目標に到達する。小さな創造の喜びを感得すれば、勤労に命が通い張りがでて能率があがり、生産の質は向上し、やがては大きな力を得る。

分度とは、実力に応じた生活の限度を定める目的で使われた語だが、尊徳は資産に応じた消費生活をいう。過剰な消費行動を是とするのではなく、生活の分を守る計画的な消費を勧めるのだ。推譲とは、分度して余剰が出たらその多少にかかわらず他に譲ることをいう。推譲金の回転が社会資本の充実を促すと考えたのである。

つまりここに金《かね》のために働くのと報徳のために働くのとの大きなちがいが生まれてくるのである。尊徳の報徳思想はこうした四つのことがらを実践することで核が完成するのである。

もともと仕法は貧困を救う方法であった。豊かになった今日の日本の若者には、報徳や勤労の思想は無縁のように見えるが、決してそうではない。昨年の東日本大震災にあたり全国から参集した若者たちは、あの一七年まえの阪神・淡路大震災のときと同様、被災地で報徳の勤労にあけくれたと解釈することもできる。平素安穏な生活に浸りきっているような若人たちであっても、いざとなれば他人のための無償の勤労をいとわないことをわれわれは知っているのである。

情報人間尊徳——抜群の情報収集力

金次郎尊徳というと、あの薪を背負い歩きながら読書する「負薪読書図」が有名である。では彼が手にしている本は何か？　『大学』である。彼は幼少の時から学を好み、山に薪を取りにゆく道すがら『大学』を大声で音読していた。口の悪い村人には「キ印の金さん」といわれたともいう。百姓の子が読書すること自体、当時の農村では珍事といっていい。そして彼は生涯にわたり知識・情報に飢《かつ》えた人間でありつづけた。飢えたことが彼には飛躍のエネルギーになる。

彼が後年、家から始まって藩、最後は国にいたるまでの危機突破と事業再建に、行政官としても、経営者としても、類《たぐい》まれな実力を発揮できたのは、この少年時代以来の読書による知識・情報収集力、さらにそれに傾注する集中力があったからである。

彼の情報収集力は抜群であった。例えば、三十七歳のとき、下野国桜町の再建を依頼され、引き受けるに先立って、十分な現地調査を申し出る。そうして地元の小田原からはるばる桜町まで、実に八回にわたって出かけ、ときには数十日滞在して実地調査をしている。領内の一戸一戸をしらみつぶしに見て回り、生きた情報を集めるのである。所領では一八〇年前にまでさかのぼって土地の収穫高と年貢高を細かく調査している。

そうした基礎に立って再建のための仕法書をつくったのである。今日残る厖大な仕法書にはさまざまな数字の集積値が記録されている。尊徳はこうした数字を積み重ねては分析し、分析しては積み重ねて、その土地柄に応じた一つの再建の原理、原則を慎重に導き出したのである。さながら同時代のフランスの数理経済学者アントワーヌ・オーギュスタン・クールノーが経済分析に関数と確率の考え方を用いた精密さを想起させる。このようにわが尊徳は、喉の渇えを癒やすかのように、集中して徹底的な調査をしないと気のすまない性質でもあったのだ。

いや、それゆえにこそ仕法書は説得力をもった。反論を試ようとする者が感情論や農書的な知識で尊徳の方法に異論を述べても、自ら踏査して調べ上げた情報であり、積み上げた数字の根拠を盾にする尊徳の分析に太刀打ちできなかったのは当然のことだ。情報人間尊徳の姿こそ、現在、海外の大学で尊徳研究が行われている所似である。偉大というほかはない。

公然と幕政・藩政を批判

尊徳を「巧妙な高利貸」、「徳川封建制の修理工」と評するのは的確ではない。彼は封建体制下で迎合的な、従順な、慈愛の視線で農業改良、生産力向上を見つめただけの篤農ではない。

尊徳は、正しい農業を実践するため理非曲直を明らかにする。そのためには、幕政・藩政への批判をも躊躇しない。領主・重職をはじめ、武士階級は、その職責を自覚せよと叫ぶ。社会秩序の維持とは、生産者たる農民を守ること（『万物発言集』）とまで言っている。この言葉は重い。現代社会をも射る。昨今の政治指導者や企業経営者には耳が痛いに違いない。現代の日本には政治家、経営者のうちに一人の尊徳もいないのか。

尊徳は、諸侯や重臣の「安民」「恵民」の責務を諄々と説いており、もし飢饉救済の方途がなければ、率先して餓死し、領民に謝罪せよとまで言っている（『報徳記』）。国の治乱・盛衰は、為政者が「与える」か「奪う」かによって決まるという。

老中水野忠邦を批判

尊徳は、実行の裏打ちのない、現実に立脚しない期待や希望はこれを拒否してはばからなかった。天保改革を指導した老中水野忠邦に対する批判もそうである。

「老中水野忠邦が政治を改革しようとしたのははなはだ良いことであった。ぜいたくを禁じたのも天下に大きな利益がある。けれども、これはちょうど、手で竹を押さえつけても久しく保つことができないのと同様で、成功しなかったのは惜しいことだ。もと増封の五万石を譲って賞賜すること二回、信任を天下に示したならば、必ず改革は奏功したであろう。これはちょうど、肥料を重ねて田畑に施すようなものだからである」（『語録』）

天保の改革は、綱紀の粛正、文武の奨励、奢侈、離農、商業独立等の禁止を図ったが功を焦り、過酷に陥って失敗した。江戸の三大改革が結局すべて失敗に終わったのは、官僚が功を焦り、領民たちの心を汲み取ることを全く無視していたからである。

水野忠邦が「改革」を急ぐのを知った幕府代官篠田藤四郎は、利根川分水路工事で名をあげようとして、当時土木技術者として名声著しい尊徳を分水路調査班の一員に参加させた。幕吏に登用されたのである。尊徳は印旛沼新堀開削の調査を行い、技術的所見だけでなく長期的な仕法の方策について報告書を提出した。印旛沼問題は田沼時代以来の課題だった。尊徳は難工事を予想し、関係農村に予算を投入して農民に五ヵ年無利息で貸し、厚く仁政を施し、立て直しで戻る元金を貸付金に廻し、返済の礼としての報徳冥加金を工費にあてて、永久無限に仕法と工費と労力を確保するという計画を立案した。いかにも尊徳らしい、従来の仕法哲学に立つ堅実無比の方策である。

ところが、この方策に、性急な功を焦る篠田らはきく耳をもたず、黙殺した。もっとも、緊急避難的に登用した尊徳にそこまでのプランを期待していなかったのかもしれない。ともあれ、そうしてこの工事は、翌年七月から上知《あげち》令頓挫による水野の失脚までの四ヵ月間、突貫工事で進められたが、二五万両という巨費を投じただけで、見事失敗に終わった。

尊徳の意見具申はしりぞけられたが彼はそれに屈せず、日光御領村々の荒地起し返しの仕法の調査を命ぜられるや欣然とこれに取り組み、二年三ヵ月かかって八四冊の厖大な「仕法雛形」を完成した。これこそ仕法の集大成ともいえるもので、どのような土地にもあてはまるよう実状に応じて選択や適用のできる便利なマニュアルであった。しかし、もともと仕法の原理も聞かず、実際の運用ものみ込んでいない上位の役人にとっては、読んでわかるはずはなく、この労作は勘定所の片隅に空しく積み上げられ、捨て置かれる有様であった。

封建支配階級との対決

尊徳が仕法を行うとき、最大の障害になったのは当時の社会組織であった。上に賢明な君侯がおり、下に有能な民政家があったとしても、上下一体で尊徳の支持に回るとは限らない。尊徳がいかに経世の才をもっていても、藩の全面的な支援がなければ、その力や才能を発揮することはできない。たとえば相馬藩は報徳仕法がもっとも理想どおり成功した藩の一つである。ここには高弟、富田高慶がはりついて万事指導して成功した。とくに尊徳の場合、分度樹立をめぐる尊徳対藩政の対立はすさまじく、同時にそれは藩政の内部にも革新派（仕法派）と守旧派の対立を生んだ。藩政中心の守旧派の徒は事ごとに尊徳に反撃の矢を放った。こうなることは百も承知の尊徳は、分度がきまらなければ改革は不可能と申し入れて断乎たる不動の決意を示した。

報徳仕法というのは藩主をはじめ下級藩士に至るまで、一糸乱れず団結し、仕法に協力することが前提条件である。相馬藩では尊徳が藩主以下藩の中枢部を完全に掌握していたからこそ、画期的な成功を収めることができたのである。

請負政治

報徳仕法は、いわば「請負政治」である。これは封建政治のアンチテーゼである。もし「請負政治」を実施するならば、事実上、封建制はその機能と職能を停止する。ここにこそ尊徳が考えた仕法の根本的意義があり、真骨頂がある。「請負政治」は、まず領主の分度をきめ、それを基盤に農民の年貢高を割り出す。「五公五民」とか「六公四民」という税負担を前提としないから、それ自体領主の収入減となり、農民の負担減が実現する可能性が大きくなる。

報徳仕法では、一定期間、その地域の経済・行政一切を尊徳に委任する。あくまで「独立会計」であり、いわゆる「請負」である。行政・経済の職能は、仕法役員に一任され、藩主と俗吏は分度生活を余儀なくされる。当然俗吏たちは減俸となる。

これに反して領民たちは、今までの重税の代わりに自立更生の資源が与えられ、自己努力で生活をつくり上げる自覚がでてくる。上からの暴圧を取り除いて、領民を自立更生させようという狙いである。村の役人も村民たちの選挙でえらばれる。村の会議には長老支配よりも村への貢献度が重視される。いわば下からの協同農場であり、民主主義の原点がここに芽生えているのだ。

当時の封建体制の下で、このような民主的な自治体制をつくり上げたことは一つの驚きである。このユニークな試みは、古今独歩といってよい。

報徳社運動――尊徳の遺伝子

さて、急ぎ足で尊徳の生前の姿を素描してきた。では彼の死後の像を見てみよう。いわば尊徳外伝である。尊徳の死後、その弟子たちによって、報徳社の結社が各地に見られた。とくに静岡県の報徳社運動は有名であり、一五〇年後の今日まで存続している。その中心人物が安居院《あごい》義道《よしみち》（通称庄七）である。彼は商家に聟入りしたが、米相場に失敗して家産を失った。彼が尊徳に接近したのは、借金を依頼するためであった。彼は尊徳を低金利で金を貸す金融業者と誤解していたのである。面会も許されなかった彼は、尊徳が来訪者と交す言葉や門人たちへの説話を立ち聞きして、尊徳に対する認識の愚を覚る。尊徳の話は、天理人道から説き始め、治乱興亡の経綸に及び、難村の興復や窮民撫育にいたる。安居院にはかつて耳にしたこともない経世済民の実際論であった。世人のためにその身を忘れて全精神を捧げる――いまだかつて見聞したこともない聖賢の等身像を目のあたりにした思いで、まさに一大痛棒であった。安居院は長い眠りから覚めたように、心機一転した。彼は門人たちに学び、仕法書類の写し取りなどに打ち込むと、尊徳に面会もせず一八日目に郷里に帰ってしまった。そうして、一家の正業に就くと報徳のやり方を試してみた。元値で客に米を渡してみた。利益として糠《ぬか》と空俵と小米が手元に残るではないか、と尊徳流に考えたのである。この「報徳」商法はどうやら成功したようだ。しかし、儲けは薄いことも間違いない。入り聟が自分の方法を貫き通すのは限界がある。養家を出て、万人講に加わり、熱心な唱道者として各地をめぐった。その地方地方の農業の特徴に気づき豊富な農業知識を吸収していった。

弘化四（一八四七）年三月、遠江国下石田村（現在の浜松市）の農民に救貧の道、復興の法を説明し村民一同の讃同を得て、農民たちによる下石田報徳社を結社した。これが地方報徳の第一歩である。報徳結社の先鞭となった。

安居院の説いた報徳金の積立て、困窮人の救済、無利息年賦などはすべて報徳仕法そのものであった。安居院は農民の結束を重視し、農民に製茶や養蚕も勧めた。適作商品主義を採ったのである。もちろん安居院に資金はない。彼の元手は仕法地住民の勤倹で捻出したものである。下石田村の場合、村民の負債額は安居院の手に負えるものではない。しかし、だからこそ彼は戸毎の生活に巨細に立ち入って世話をしている。安居院の努力に村民たちも応えた。彼らは二〇年の永きにわたって一糸乱れぬ結社の結束力で一心不乱の活動をつづけたのである。

安居院こそは遠州地方に報徳仕法を伝えた最初の人である。関東の農村から生まれた報徳仕法は、安居院義道を通じて遠州地方の農民たちの民衆知と結びつき、次第に広まっていったのである。

尊徳やその高弟たちが関東・東北地方で行った仕法は、領主行政の一環として行われたものであったが、安居院のすすめた仕法は、それとは異なり、民衆の結社がその推進母体となった。遠州の報徳仕法も領主行政と結びついたとはいえ農民の自治的結社を基盤としていたために、廃藩置県後も継続し、明治にいたってさらに発展していったことは注目される。もはや報徳仕法は、政治体制如何にかかわらず、尊徳なきあとも大地に根ざす生命力を保つ太い樹木に育っていた。

嘉永五（一八五二）年頃から遠州周辺、とくに掛川に近い辺りの報徳世話人が集まって大参会を開催した。こうした民衆の自律的かつ自治的な広域的結社が基盤となって、明治八（一八七五）年には遠江国報徳社（後の大日本報徳社）が結成された。

遠州地方で安居院義道の門を叩いて、尊徳の報徳思想を実践し、さらに今日まで継承している例は多い。その一例を紹介しよう。

浜松酒造の報徳思想

「出世城」という清酒の銘柄で知られる浜松酒造（浜松市）という酒造メーカーをご存知だろうか。一七三〇年代の創業で、尊徳誕生より六〇年近くも前である。菜種油販売を業とする「油屋」という屋号で、東海道、浜松宿に近い街道筋に大きな店をかまえて歴代ずっと繁盛していた。ところが時代の荒波がこの店を襲う。嘉永三（一八五〇）年、「油屋」十代目、若き当主弥太郎が出会ったのが尊徳の報徳思想だった。この頃遠州では安居院が、農村復興運動を通じて報徳の教えを広めていたからである。弥太郎は二十八歳のとき家業再興のため安居院の門を叩いて教えを請うた。

「報徳」「勤労」「分度」「推譲」という報徳思想の骨格に触れて弥太郎は目から鱗が落ちた思いがした。そうして「節約に努め、薄利での商売に徹した」（十四代目中村雄次浜松酒造会長）。これが良心的な商いと評判になり、客が増えて家運は再び興隆に向かう。明治四（一八七一）年には酒造業に転じて、現在の浜松酒造の基礎を築く。報徳精神を引き継いだ十二代陸平は、大正四（一九一五）年、地元天神町村の村長となり、村政においても報徳の教えを実践し、節約、業務合理化で村の財政を立て直した。同十一（一九二二）年、天神町村は浜松市と合併、陸平は昭和初期に浜松市長となっている。

これに先立つ明治十七（一八八四）年、報徳思想を継承し、実践する地域組織の一つとして天神町報徳社が発足、十代目弥太郎が初代社長に就任、その後も、十二代目陸平、十三代目達一郎とつづき、いまは達一郎の子息・雄次会長がそのあとを継ぎ、全国統括組織、大日本報徳社（掛川市）の副社長も兼ねている。以下少し横道にそれるが、その雄次氏が、昭和四十八（一九七三）年に業務用冷凍食材卸売業の新規事業として立ち上げた新会社で取った販売戦略こそ、十代目から受け継ぐ報徳精神であった。当初冷凍食品の利益率は日本酒の三倍ほどであったが、雄次氏は利益率を抑えた値付けにした。十代目さながらの薄利の低価格販売である。このため当初五年間は赤字を計上したが、方針を変えなかった。次第に顧客が増え、地元有志の応援をうけて増資にもこぎつけ、苦境をのりきったという。

「決断するとき、間違わずに済む何かが報徳思想にはある」。これは父雄次氏から酒造会社を引き継いだ子息・保雄氏が語ったことだ。尊徳の魅力の核心を伝えている。そして保雄氏は、市民に酒蔵を開放し、コンサートなどに貸し出す施設をつくったり、日本酒メーカーなのに地ビールもつくる。「お酒をつくりながら文化を伝える」。メセナを交え、利益至上主義とは一線を画す手強さを示している（『日本経済新聞』平成二十一年二月四日朝刊参照）。

これも「尊徳の遺伝子」であろう。遺伝子は平成の今日まで継承され、次代へ受け渡されようとしている。

（千葉商科大学名誉教授）

凡例

一 本書は中公バックス〈日本の名著〉26『二宮尊徳』（一九八四年）の福住正兄著『二宮翁夜話』をもとに編集した。

一 読みやすさを考慮し、一部ルビを補い、適宜に漢字をカナに換えたところがある。

一 なお、訳注は（1）の番号で示し、まとめて巻末に付した。また、本文中の（ ）は訳者による補訳である。

二宮翁夜話

〔解題〕『二宮翁夜話』は福住正兄《ふくずみまさえ》の著である。正兄が尊徳に師事したのは、尊徳が幕吏となって日光神領の復興計画書起草に力を尽していた弘化二年のことで、尊徳は五十九歳、正兄は二十二歳であった。弘化四年に、尊徳は下野真岡《しもつけもおか》（現在の栃木県真岡市）の代官山内董正《ただまさ》の手附となって、単身東郷《ひがしごう》に移り、神宮寺に仮住居をし、翌嘉永元年には、二十六年在住の桜町の陣屋を引き払って、家族も東郷の陣屋に移った。正兄は嘉永三年に退塾して、箱根湯本の温泉宿の福住氏の養子になるまで、尊徳の身辺に奉仕した。

その随従の様子は、『夜話』のあとがきにくわしい。正兄は福住家をついでからは、尊徳の教訓を守って福住家を立て直し、村名主となって湯本村の繁栄を計り、一方では国学・儒学・仏教などの研究も怠らず、報徳思想の普及に勤め、明治二十五年（一八九二）に没した。

正兄が尊徳に随従していたときに聞いた教訓は、一々書き記しておいて、『如是我聞録』と題して秘蔵していたが、これを整理して、木版和装で静岡報徳社より出版した。五巻に分け、第一巻は明治十七年十一月一日に、第五巻は同二十年六月二十一日に刊行された。『続篇』は、正兄の在世中にはそのまま残されていた四十八話を集めたもので、佐々井信太郎氏によって「二宮尊徳全集」に収録された。本書では、『夜話』は木版本を底本にし、『続篇』は「二宮尊徳全集」に拠った。

『夜話』は正兄が二三三話にわけて印刷したが、正兄の草稿中に、その見出しとして付けるべきものが箱根湯本の福住家に残されていたので、今回、番号の下に見出しとして入れた。『続篇』の見出しは、編者が適宜につけたものである。

巻の一

一　天地の真理

翁はこう言われた。誠の道というものは、学ばないで自然に知り、習わないでおのずから覚え、書籍もなく、記録もなく、師匠もなく、しかも人々がおのずから心に悟って忘れない、これこそ誠の道の本性である。のどがかわけば水を飲み、ひもじくなれば食らい、疲れれば眠り、目がさめれば起きるというのも、みなこれと同じことである。古い歌に、

水鳥のゆくもかえるも跡たえて
　されども道は忘れざりけり

とあるようなものである。記録もなく、書籍もなく、学ばず習わず、それで明らかな道でなければ誠の道ではない。

私の教えは、書籍を尊ばず、天地を経文《きようもん》としている。私の歌に、

音（聲）もなく香もなく常に天地《あめつち》は

書かざる経をくりかえしつつ

と詠《よ》んでいる。このように、日々くりかえしくりかえし示される天地の経文に、誠の道は明らかである。こういう尊い天地の経文を外《ほか》にして、書籍の上に道を求める学者たちの論説は私のとらないところである。よくよく目を開いて天地の経文を拝見し、「これを誠にする」道を尋ねるべきである。いったいこの世界で、横に水平なものは水面である。縦に垂直なものは垂針《さげぶり》である。すべてこのように、永久に動かないものがあるから、地球の測量もできるわけで、これがなくては測量の術もない。暦道で日かげ柱を立てて日ざしを測る法も、算術の九々のごときも、みな自然の法則で、永久不変のものである。これによって、天文を考えることもでき、暦法を算することもできるわけで、これを無視しては、いかなる智者でも術を施す方法がないであろう。私の説く道もまた同じである。天は何も言わず、しかも四季がめぐって万物が生育するところの、書籍のない経文、言葉のない教戒で、米を蒔《ま》けば米がはえ、麦を蒔けば麦が実るような、永久不変の道理によって、誠の道に基づいて、誠にする勤めをするべきである。

二　天道・人道の論

翁はこう言われた。世界はめぐりめぐって止《や》むことがない。寒さが去れば暑さが来、暑さが往《ゆ》けば寒さがまたおとずれ、夜が明ければ昼となり、昼になればまた夜となり、また万物生ずれば滅び、滅びればまた生ずる。たとえば銭をやれば品物が来、品物をやれば銭が来るのと同じである。寝ても醒《さ》めても、居ても歩いても、昨日《きのう》は今日《きょう》になり、今日は明日《あした》となる。田畑も海山もみなそのとおり、ここで薪《まき》をたき減らす分は山林で生木し、ここで食い減らすだけの穀物は田畑で生育する。野菜でも魚類でも、世の中で減るだけは田畑・河海・山林で生育し、生まれた子は時々刻々に年をとり、築いた堤は時々刻々に崩れ、掘った堀は日々夜々に埋まり、葺《ふ》いた屋根は日々夜々に腐る。これが天理の常である。

しかし、人道はこれとは異なる。なぜならば、風雨に定めがなく寒暑が往来するこの世界に、羽毛もなく、鱗《うろこ》や殻《から》もなく、はだかで生まれてきた人間は、家がなければ雨露をしのぐことができず、衣服がなければ寒暑をしのげない。そこで、人道というものを立てて、米を善とし、莠《はくさ》（水田に生える雑草）を悪とし、家を造るのを善とし、こわすのを悪とする。これはみな人のために立てた道である。それゆえ人道というのである。天理からみれば、これらにも善悪はない。その証拠には、天理に任せておけば、みな荒地になって、開闢《かいびやく》の昔に帰る。なぜなら、それが天理自然の道だからである。

天には善悪はないから、稲と莠の区別をしない。種のあるものはみな生育させ、生気のあるものはみな発生させる。人道はその天理に従うけれども、そのうちにそれぞれ区別をし、稗《ひえ》や莠は悪とし、米や麦は善とするように、みな人身に便利なものを善とし、不便なものを悪とする。そこに天理と異なるところがある。なぜならば、人道は人が立てたものだからである。人道は、たとえてみれば料理物のごとく、三倍酢《ばいず》のごとく、歴代の聖主賢臣が料理し味つけしてこしらえたものである。そこで、ともするとこわれる。それゆえ、政《まつりごと》を立て、教えを立て、刑法を定め、礼法を制して、やかましく、うるさく世話をやいて、ようやく人道は立つのである。それを天理自然の道と思うのは大きな誤りだ。そこをよく考えるべきである。

三　人道は中庸を尊ぶ水車の譬

翁はこう言われた。人道はたとえば水車のようなものである。その形の半分は水流に従い、半分は水流に逆らって輪が廻る。全体が水中に入れば廻らないで流される。また水を離れれば廻るはずがない。仏教でいう高徳といわれる人のごとくに世を離れ欲を捨てた者は、たとえてみれば水車が水を離れたようなものであり、また凡俗の人たちが教義も聞かず義務も知らず私欲一つに執着するのは、水車全体を水中に沈めたようなもので、いずれも社会の用をしない。それゆえ人道は中庸を尊ぶのである。水車の中庸は、ほどよく水中に入って、半分は水に従い、半分は水流に逆らって、運転がとどこおらないことである。人の道もそのように天理に従って種を蒔き、天理に逆らって草を取り、欲に従って家業を励み、欲を制して義務を思うべきである。

四　人道は譲りにあり

翁はこう言われた。人道は人がつくったものである。だから自然に行なわれる天理とは別である。天理とは春には生じ秋には枯れ、火は乾いたものに燃えつき、水は低い所に流れる。昼夜動いて永遠に変わらないものである。人道は日々夜々人力を尽し、保護して成り立つ。それゆえ天道の自然に任せれば、たちまち廃《すた》れて行なわれなくなる。だから人道は、情欲のままにするときは成り立たないものだ。たとえば、漫々たる海上には道がないようだが、船道《ふなみち》を定め、それによらなければ岩にふれる。道路も同じこと、自分の思うままに行けば突きあたる。言語も同じ、思うままに言葉を出せば、たちまち争いを生ずる。

そこで人道は、欲を押え、情を制し、勤め勤めて成るものだ。うまい食事、美しい着物が欲しいのは天性の自然だ。これを押え、それを忍んで家産の分内にしたがわせる。身体の安逸・奢侈《しゃし》を願うのもまた同じことだ。好きな酒をひかえ、安逸を戒め、欲しい美食・美服を押え、分限の内からさらに節約し、余裕を生じ、それを他人に譲り、将来に譲るべきだ。これを人道というのである。

五　人道と天道との別

翁はこう言われた。人の賤《いや》しむ畜生の道は天理自然の道である。人の尊ぶ人道は天理に従うとはいっても、また作為の道で、自然ではない。なぜなら、畜生は、雨には濡れ、日には照らされ、風には吹かれ、春は青草を食い、秋は木の実を食らい、食物があれば飽きるまで食らい、なければ食わずにいる。これが自然の道でなくて何であろう。人間は、住居を作って風雨をしのぎ、蔵を造って米や粟を貯え、衣服を作って寒暑を防ぎ、四時ともに米を食う。これが作為の道でなくて何であろう。自然の道でないことは明らかである。自然の道は永久に廃れず、作為の道は怠れば廃れる。ところが、その人の作った道を間違って天理自然の道と思うから、願うことが成らず、思うことがかなわなければ、ついにはわが世は憂世《うきよ》だなどというようになる。人道は荒々《こうこう》たる原野のうち、土地が肥えて草木の茂生する所を田畑として、そこには草の生じないようにと願い、土地が痩《や》せて草木の繁茂しない地を秣場《まぐさば》として、ここには草の繁茂するように願うようなものである。これで、人道は作為の道で自然の道ではなく、たいへんな違いのある原理であることを知るべきだ。

六　人道と天道との別

翁はこう言われた。天理と人道との差別をよく区別できる人は少ない。人身があれば欲があるのは天理である。田畑へ草の生ずるのと同じである。堤は崩れ、堀は埋まり、橋は朽《く》ちる、これが天理である。ところが、人道は、私欲を制するのを道とし、田畑の草を取るのを道とし、堤は築き、堀はさらい、橋はかけ替えるのを道とする。

このように、天理と人道とはまったく別のものだから、天理は永遠に変化なく、人道は一日怠ればたちまち廃れる。だから、人道は勤めるのを尊しとし、自然に任せるのを尊ばない。人道の勤めるべきは、己《おのれ》に克《か》つという教えである。己というのは私欲である。私欲は田畑にたとえれば草である。克つというのは、この田畑に生ずる草を取り捨てることだ。己に克つというのは、わが心の田畑に生ずる草をけずり取り、取り捨てて、わが心の米麦を繁茂させる勤めのことだ。これを人道という。『論語』（顔淵篇）に、「己に克って礼に復《かえ》る」（自分にうちかって礼の規則にたち帰る）とあるのは、この勤めのことだ。

七　人道の罪人

翁は常にこう言われた。人として、屋根の洩《も》れるのを坐視し、道路の破損を傍観し、橋の朽ちるのを心配しない者は、これは人道の罪人である。

八　真の大道は一つ也

翁はこう言われた。世の中に誠の大道はただ一筋である。神《しん》といい、儒《じゅ》といい、仏《ぶつ》というのも、みな同じく大道に入るべき入口の名である。あるいは天台といい、真言《しんごん》といい、法華《ほっけ》といい、禅《ぜん》というのも、同じく入口の小路の名である。何の教え、何の宗旨というようなのも、たとえてみれば、ここに清水があって、この水で藍《あい》をとかして染めるのを紺屋《こんや》といい、この水で紫をとかして染めるのを紫屋というようなものである。そのもとは一つの清水だ。紫屋では、自分のところの紫の精妙なことを説き、天下の反物《たんもの》を染めるのは、これすべて紫であると誇り、紺屋では、自分のところの藍の徳は広大無辺で、ひとたびこの瓶《かめ》に入れれば紺にならないものはないと言うようなものである。そのために染められた紺屋宗《しゅう》の人は、自分の宗の藍よりほかにありがたいものはないと思い、紫宗の者は、わが宗の紫ほど尊いものはないと言うのと同じことだ。これみな三界《さんがい》のなかをさまよって出ることができない者だ。紫も藍も、大地にこぼしてしまえば、またもとのごとく紫も藍もみな抜けて、本然の清水に帰るのだ。

それと同じに、神・儒・仏をはじめ心学・性学など数えきれないほどあるが、みな大道の入口の名である。入口はいくつあっても、到達するところは、必ず一つの誠の道だ。これを別々に道があると思うのは迷いだ。別々だと教えるのは邪説だ。たとえてみれば富士山に登るようなものだ。先達《せんだち》（案内人）によって、吉田から登る者もあり、須走《すばしり》から登る者もあり、須山《すやま》から登る者もあるけれども、登りついて絶頂に達すれば一つである。こうでなければ真の大道とは言えない。しかし、誠の道に導くと言って誠の道に至らず、無益の道に引き入れる者があるが、これを邪教という。誠の道に入ろうとして、邪説に欺《あざむ》かれて枝道に入り、また自分で迷って邪路に陥《おちい》る者も世の中には少なくない。慎まなければならないことだ。

九　笠井某を諭す

越後の国の生まれで、笠井亀蔵《かさいかめぞう》という者があった。わけがあって翁の僕《しもべ》になった。翁は亀蔵に諭《さと》してこう言われた。

「お前は越後の生まれである。越後は上国（土地の肥沃な国）と聞いているが、何で上国を去って他国に来たのか」と。亀蔵が言うには、

「上国ではございません、田畑の値段は高く、田畑の利益は少のうございます。江戸は大都会でありますから、金を得るのがたやすかろうと思って、江戸に出て来ました」と。翁はこう言われた。

「お前は間違っている。越後は土地がよく肥えているから食物が多い。食物が多いから人も多い。

人が多いから田畑が高価になり、田畑が高価だから利が薄い。それをお前は田畑の利益が少ないという。少ないのじゃなく多いのだ。利益が多く土の徳があるので田畑が高価なのを下国だと思って、生国《しょうこく》を捨てて他国に流浪するのは大きな間違いだ。間違いだとわかったら、すぐに過《あやま》ちを改めて帰国するがよい。越後ほどの上国は他には少ない。それを下国と見たのは過ちだ。これを今の暑気の季節にたとえてみれば、蚯蚓《みみず》が土中の熱さに堪《た》えかねて、土中ははなはだ暑い、土中の外に出たら涼しい所があろう、土中にいるのは馬鹿げている、と考えて地上に出て照りつけられて死ぬのと同じだ。もともと蚯蚓は土中にいるべき性質のもので、土中にいるのが天分だ。だから、どんなに熱くても外を願わず、自分の本性にしたがって土中に潜《ひそ》んでさえいれば無事安《あん》穏《のん》であるのに、心得違いをして地上に出てきたのが運のつきで、迷いから禍《わざわい》を招いたものだ。お前もそのとおり、越後の上国に生まれながら、田畑の利益が少ない、江戸に出たならば金を得るのはたやすかろうと思い違いをして、自国を捨てたのが迷いのもとで、自分から災難を招いたものだ。だから、今日《こんにち》過ちを改めて、いそいで国に帰り、小を積んで大をなす道に勤めるのが何よりだ。心がそこに落ちつけば、自然に安堵《あんど》の地を得ることは疑いない。さらに迷って江戸で流浪すれば、つまりは蚯蚓が土中を離れて地上に出たのと同じことになる。よくこの理を悟り、過ちを悔い改めて安堵の地を求めなさい。そうでなければ、いま千両の金を与えても無益であろう。私の言うことは決して間違ってはいない」

一〇　翁畢生の覚悟

翁はこう言われた。親が子に対する関係、農夫が田畑に対する関係は、私の道と同じだ。親が子を育てて無頼《ぶらい》者になったとしても養育料をどうすることもできない。農夫が田を作って凶年になれば、肥代《こやしだい》も種を蒔いたり苗を植えたりした費用もみな損になる。この道を行なおうと思う者はこの理をわきまえなくてはならない。私が初めて小田原から下野《しもつけ》の物井《ものい》（現在の栃木県真岡市）の陣屋（桜町陣屋）に行ったとき、自分の家を潰して、四千石の地の復興一途《いちず》に身を投じたのはこの道理に基づいている。釈迦《しゃか》が生者必滅《しょうじゃひつめつ》の原理を悟り、この原理を拡充して、自ら家を捨て、妻子を捨て、今日のごとき道を弘《ひろ》めたのは、ただこの一理を悟ったからだ。人間が生まれ出た以上は死ぬことのあるのはきまりきったことだ。長生きといっても百年を越える者はまれだ。限りの知れたことだ。若死にといい長生きというのも、実はきわめて小さな論だ。たとえれば蠟燭《ろうそく》に大中小のあるのと同じだ。大蠟といっても、火をつければ四時間か五時間であろう。だから、人と生まれ出た以上は必ず死ぬものと覚悟をするときは、一日生きれば一日の儲《もうけ》、一年生きれば一年の利益である。それゆえ、本来わが身もないもの、わが家もないものと覚悟をすれば、あとは百事百般みな儲である。私の歌に、

かりの身をもとのあるじに貸し渡し
　民《たみ》安かれと願うこの身ぞ

というのがある。この世は、われ人ともに、わずかのあいだの仮《かり》の世であるから、この身は仮の身であることは明らかである。もとのあるじとは天のことをいうのだ。この仮の身をわが身と思

わず、生涯一途に世のため人のためだけを思い、国のため天下のために益のあることだけを勤め、一人だけでも一家だけでも一村だけでも、困窮から免《まぬが》れて富有になり、土地が開け、道や橋が整い、安穏に渡世ができるようにと、それだけを日々の勤めとして、朝夕願い祈って、怠らぬのがわがこの身であるという心で詠《よ》んだものだ。

これが私の畢生《ひっせい》の覚悟である。私の道を行なおうと思う者は知っていなくてはいけない。

一一　中庸は易し孟子は難し

儒学者がいて、こう言う。「『孟子』は易《やさ》しく『中庸』は難しい」と。翁はこう言われた。

私は文字上のことは知らないが、実際の仕事のうえに移して考えれば、『孟子』は難しく『中庸』は易しい。なぜなら、『孟子』の時は道が行なわれず、異端の説が盛んであったので、その弁明を勤めて道を開いただけである。それゆえ、仁義を説きながら仁義に遠い。あなたがたが『孟子』を易しいとして『孟子』を好むのは、自分の心にあうからである。あなたがたが学問をする心は、仁義を行なうために学ぶのでなく、道を踏むために修行したのでもなく、ただ書物上の議論に勝ちさえすれば、それで学問の道は十分だとしている。議論が達者で、人を言い負かせば、それで儒者の勤めは立つと思っている。聖人の道はそういうものではあるまい。聖人の道は仁を勤めるにある。五倫・五常を行なうにある。どうして弁舌をもって人に勝つことを道としようか。人を言い負かすことを勤めとしようか、『孟子』はこれなのだ。こういうのを聖人の道だとすれば、はなはだ難道である。容易になしがたい。それで、私は『孟子』は難しいというのだ。『中庸』は通常平易な道で、一歩から二歩、三歩と行くように、近いところから遠くに及び、低い所から高い所に登り、小から大にいたる道であるから、まことに行ないやすい。たとえば百石の身代《しんだい》の者が勤倹に働いて、五十石で暮らして、あとの五十石を譲って国益に勤めるのは、まことに行ないやすい。愚夫・愚婦でもできないことはない。この道を行なえば、学ばなくても、仁であり、義であり、忠であり、孝である。神の道、聖人の道も、一挙に行なうことができる。いたって行ないやすい道である。それで、「中庸」と言うのだ。私は人に教えるのに、わが道は分限を守るのを本《もと》とし、分限のなかから人に譲るのを仁とすると教えている。これは中庸で、行ないやすい道ではないか。

一二　仕法行われざるなし

翁はこう言われた。道の行なわれることはむつかしい。道が行なわれなくなってから久しいことだ。才があっても力がなければ行なわれず、才と力とがあっても徳がなければまた行なわれず、徳があっても位がなければ行なわれない。しかしこれは大道を国家天下に行なうときのことである。むつかしいのは勿論である。そうでない場合は、人のないことを心配することはない。位のないことを憂うることもない。茄子《なす》をならすのは茄子作りがよくし、馬を肥《こ》やすのは馬士《まご》がよくし、一家を斉《ととの》えるのは亭主がよくし、あるいは兄弟・親戚が一つになって行ない、あるいは朋友・同志が相結んで行なうがよい。人々がこの道を尽し、家々がこの道を行ない、村々がこの道を行なうならば、国家が復興しないことがあろうか。

一三　道は世を救い、世を開くにある事

翁はこう言われた。世の中は無事のようでも、変事がないというわけにはいかない。これは恐るべきことの第一である。変事があってもこれを補う道があれば変事がないのと同じであるが、変事があってこれを補うことができなければ大変になる。古語（『礼記』王制篇）に、「三年の貯蓄《たくわえ》なければ国にあらず」（三年間分の貯えがなければ国ではない）といっている。兵隊があっても武具・軍用が備わらなければどうしようもない。国だけではない、家もまた同様である。すべてのことが、余裕がなければ必ず差し支えができて、家を保つことができない。まして国家天下になればなおさらである。人が批評して、私の教えは倹約を専《もっぱ》らにするという者があるが、ただ倹約を専らにするわけではなく、変事に備えるためである。また批評して、私の道は蓄財を勧めるという者があるが、蓄財を勧めるわけではなく、世を救い、世を開くためである。古語（『論語』泰伯篇）に、「飲食を薄うして孝を鬼神に致し、衣服を悪《あ》しゅうして美を黻冕《ふつべん》に致し、宮室を卑《いや》しゅうして力を溝洫《こうきょく》に尽す」（自分自身の飲食を節約して神へ供物をし、自分自身の衣服を質素にして祭につける前だれと冠をりっぱにし、自分自身の住居をそまつにして治水のために力を尽す）ということがある。よくよくこの理を玩味《がんみ》すれば、吝《りん》か倹か、説

明をしなくても明らかであろう。

一四　積小為大

翁はこう言われた。大事をなそうと欲すれば、小さな事を怠らず勤めよ。小が積もって大となるものだからだ。およそ小人の常で、大きな事を欲して、小さな事を怠り、できがたい事を心配して、できやすい事を勤めない。それで、結局は大きな事ができないのだ。大は小を積んで大になることを知らないからだ。たとえば、百万石の米といっても粒が大きいわけではない。万町歩の田を耕すのも、その作業は一鍬《くわ》ずつの仕事である。千里の道も一歩ずつ歩んで到達する。山を作るのも一簣《もっこ》の土からなることをよく知って、よく励んで小事を勤めたならば、大事も必ずなるだろう。小さい事をゆるがせにする者には、大きな事は決してできないものである。

一五　積小為大

翁はこう言われた。万巻の書物があっても無学の者には役に立たない。隣りに金貸しがいても自分に借りる力がなければどうにもならない。向かいに米屋があっても銭がなければ買うことはできない。だから、書物を読もうと思ったなら、いろはから習い始めるがよい。家を興そうと思ったなら、小より積み始めるがよい。このほかに術《すべ》はないものだ。

一六　富国の大本

翁はこう言われた。多く稼《かせ》いで銭を少なく使い、多く薪《たきぎ》を取って焚《た》くことを少なくする。これを富国の大本、富国の大道というのだ。ところが世の人は、これを吝嗇《けち》だといったり、強欲《ごうよく》だという。これは心得違いである。人道は自然に反して勤めることによって成り立つ道であるから、貯蓄を尊ぶのだ。貯蓄は今年の物を来年に譲る、一つの譲道である。親の身代を子に譲るのも、貯蓄の法に基づくものである。だから人道は、言ってみれば貯蓄の一法にすぎない。そこで、これを富国の大本、富国の大道というのだ。

一七　経済の本元

翁はこう言われた。米はたくさん蔵《くら》に積んで少しずつ炊《た》き、薪はたくさん小屋に積んでできるだけ少なく焚き、着物は着られるようにこしらえておいて、なるたけしまっておくことが家を富ます術であり、また国家経済の根源である。天下を富有にする大道も、実はこのほかにはないものだ。

一八　大神楽を見て諭す

翁が宇津氏の邸内に滞在していられたことがある。邸内の稲荷《いなり》社の祭礼に大神楽《だいかぐら》が来て、竪物《たてもの》（剣や棒などを鼻や額の上に立てる曲芸）の戯芸をした。翁はこれを見てこう言われた。すべてのことをこの術のようにしたならば、どんなことでもできないことはなかろう。その場に出ると、少しも騒がず、まず身体《からだ》を定め、両眼を見澄まして棹《さお》の先に注ぎ、脇目もふらず一心に見つめ、器械の動揺を心と腰とに受け、手は笛を吹き扇を取って舞い、足は三番叟《さんばそう》の拍子《ひょうし》を踏んでいるが、器械のゆがみを見とめて、腰で差し引きをする。その術は至れり尽せりで、手は舞うけれども、手だけで身体《からだ》には及ばない。足は踏むけれども、足だけで腰には及ばない。舞うも躍るも、両眼はきっと見つめ、心をしずめ躰《たい》を定めていること、『大学』『論語』の真理も、聖人の秘訣《ひけつ》も、この一曲のなかに備わっている。ところが、これを見るものは、聖人の道とははるかに離れたものとして、この大神楽をいやしむ。儒学書生のごときものはどうして国家の用に立とうか。術は恐ろしいものだ。綱渡りが綱の上に起き伏しして落ちないのも、これと同じことだ。よくよく考えるべきだ。

一九　松明尽る時

翁はこう言われた。松明《たいまつ》が燃え尽きそうになり、火が手もとに近づいたら急いで捨てなさい。火事があって危いときは、荷物を捨てて逃げ出すがよい。大風で船がくつがえりそうになったら上荷を捨てなさい。もっとひどいと帆柱も切るがよい。この理屈を知らない者は愚の骨頂だ。

二〇　民次郎を諭す

川久保民次郎《かわくぼたみじろう》という者があった。翁の親戚であるが、家が貧しいので、翁の僕になっていた。それが国に帰ろうとして暇《いとま》を乞うた。そのとき翁は言われた。ひもじいときに、よその家へ行って、「どうか一飯めぐんでください。そうすれば私は庭をはきましょう」と言っても、一飯をふるまってくれる者はない。空腹をがまんしてまず庭をはけば、あるいは一飯にありつくこともあろう。これは、おのれを捨てて人にしたがう道であって、物事すべてがうまくゆかなくなったようなときにも可能な道だ。私は若いころ初めて家を持ったとき、一枚の鍬がこわれた。隣家へ行って、「鍬を貸してください」と言ったところが、隣家の老人は、「いまこの畑を耕して菜《な》を蒔こうとしているところだ。蒔きおえるまで貸すわけにはいかない」と言う。自分の家に帰ったところが別にする仕事もない。私は「ではこの畑を耕してあげましょう」と言って耕し、「菜の種を出してください。ついでに蒔いてあげましょう」と言って、耕したうえに種を蒔いて、そのあとで鍬を借りた。そのとき隣家の老人は、「鍬だけでなく、何でも困ることがあったら遠慮なく申し出なさい。きっと用だてましょう」と言ってくれたことがある。こういうふうにすれば、何事もさしつかえのないものだ。おまえが国に帰って新しく一家を持ったなら、必ずこのことを心得ておきなさい。おまえはまだ働きざかりだから、一晩中寝なくても障《さわ》りもあるまい。夜々寝るひまを励んでわらじの一足か二足も作り、翌日開拓場に持ち出して、わらじの切れた人、破れた人にやったなら、もらった人が礼を言わないとしても、もともと寝るひまで作ったものだから、それまでのことだ。礼を言う人があればそれだけの徳だ。また一銭・半銭でもくれる人があれば、それだけの利益だ。この道理をよく覚えておいて、毎日おこたらずに努めれば、志の達しないはずはなく、何事もできないことはないはずだ。私が幼少のときに勤めたのも、これ以外のことではない。肝に銘じて忘れないようにしなさい。また損料を出して足りない品物を借りるのを、はなはだ損だという人がいるが、そうじゃない。それは品物が足りている人のいうことだ。新たに一家を持つときには、すべてのことに足りないものだ。それはみな損料を出して間にあわせるがよい。損料を出して借りるほど世のなかに便利なものはなく、安いものはない。けっして損料を高いもの、損なものと思ってはいけない。

二一　若輩教訓

年若の者が数名いた。それに翁が諭《さと》してこう言われた。世の中の人を御覧、一銭の柿《かき》を買うにも、二銭の梨《なし》を買うにも、真頭《しんとう》のまっすぐな、きずのないのを選んで取るではないか。また茶碗一つ買うにも、色のよい、形のよいのを選《え》ってなでてみ、鳴らして音を聞き、選りに選って取るものだ。世の人たちはみなそうだ。柿や梨は、買っても悪ければ捨てればよい。こういうものさえこれなのだ。だから人に選ばれて聟《むこ》となり嫁となる者、あるいは仕官して立身を願う者、自分の身にきずがあっては人が取ってくれないのは当然のことだ。自分にきずが多いのに、上の人が取ってくれなければ、上には眼がないなどと、上に立つ人を悪く言い、人をとがめるのは大きな間違いだ。そういう人は、自分をふり返ってみよ。きっと自分の身にきずがあるせいだ。人の身のきずとは何かといえば、たとえば酒が好きだとか、酒の上が悪いとか、放蕩《ほうとう》だとか、勝負事が好きだとか、惰弱だとか、無芸だとか、何か一つや二つのきずはあろう。買い手がないのは当然だ。これを柿や梨にたとえれば、真頭がまがって渋そうに見えるのと同じだ。人が買わないのも無理がない。そこをよく考えるべきだ。古語（『大学』）に、「内に誠あれば必ず外にあらわる」（内容がしっかりしていれば必ず外にあらわれる）と言っている。

きずがなくて、真頭のまっすぐな柿が売れないということはない。どんな草深い中でも山芋があれば、人がすぐに見つけて捨てておくことはない。また泥深い水中に潜伏している鰻《うなぎ》や鰌《どじょう》も、きっと人が見つけて捕える世の中だ。だから、内に誠があって外にあらわれない道理はない。この道理をよく心得て、身にきずのないように心がけなさい。

二二　至誠神の如し

翁はこう言われた。山芋掘りは山芋のつるを見て芋の善《よ》し悪《あ》しを知り、鰻釣りは泥土《どろつち》の様子を見て鰻のいるいないを知り、よい農夫は草の色を見て土の肥えているか痩《や》せているかを知る。みな同じことで、いわゆる「至誠神のごとし」（一三三ページ参照）というもので、永年刻苦経験して発明するものだ。技芸にはこういうことが多い。侮ってはならない。

二三　多田某教訓

翁は多田某にこう言われた。私が東照神君（徳川家康）の御遺訓というものを見たのに、こうあった。「われは敵国に生まれてただ父祖の仇《あだ》を報ずることのみが願いであった。しかるに祐誉《ゆうよ》（三河国大樹寺の僧で、西誉とも書く）の教えによって、国を安んじ民を救うことが天理なることを知って今日に至った。子孫は長くこの志を継ぐべし。もし背《そむ》けばわが子孫ではない。民はこれ国の本であるからである」と。だから、そこもとが子孫に遺言《ゆいごん》すべきところはこうあるべきだ。「自分は身に過ぎて新金銀引替《ひきかえ》御用《ごよう》(1)を勤め、おのずから増長して驕奢《きょうしゃ》に流れ、御用の種金を遣《つか》いこみ、大借金に陥り、身代が破滅になるところを、報徳の法によって莫大《ばくだい》の恩恵を受け、このように安穏に家を維持することができた。この報恩には、子孫代々驕奢・安逸をきびしく禁じ、節倹を尽し、身代の半ばを推譲して世上のためを心がけ、貧者を救い、村里を富ますことに勤めよ。もしこの遺言に背く者は、子孫であっても子孫ではないから、すみやかに放逐《ほうちく》し、聟・嫁はすみやかに離縁する。わが家株・田畑は本来報徳法によって得たものであるからである」と子孫に遺言されれば、神君の思《おぼ》し召《め》しと同じで、忠であり、仁であり、義である。子孫が徳川氏の二代公（秀忠）・三代公（家光）のごとくその遺言を守るならばその功績ははかりしれない。あなたの家の繁昌長久もまた限りなかろう。よくよく思考されよ。

二四　富家子弟教訓

翁はこう言われた。農家でも商家でも、富裕の家の子弟は、仕事として働くべきことがない。貧家の者は生きるために働かなければならず、また富貴を願うから、おのずから努力する。富家の子弟は、たとえば山の絶頂にいるようなもので、登るところがなく、前後左右みな眼の下にある。そこで身分以上の願いを起こして、武士の真似をしたり、大名の真似をしたり、増長に増長をして、ついには滅亡する。天下の富者はみなそうだ。ここで、長く富貴を維持し、富貴を保つ方法は、ただ私の説く推譲の教えがあるだけだ。富家の子弟がこの推譲の道をふまなければ、千百万の金があったとしても、馬糞茸《ばふんだけ》と異なるところはない。馬糞茸というものは、気候によって生じ、いくほどもなく腐って世間の用には立たない。

ただいたずらに生じ、いたずらに滅びるばかりだ。世間に富家と呼ばれる者で、こういうことでは惜しいことではないか。

二五　百事決定を尊ぶ

翁はこう言われた。すべてのことに、決定《けつじょう》と注意とが肝要である。なぜなら、何事によらず、すべてのことは、決定と注意とによって成功するものだ。小事といっても、決定することなく、注意することがなければ、すべて失敗する。一年は十二ヵ月であるが、月々に米が実るわけではない。ただ初冬の一ヵ月にだけ実って、十二ヵ月間米を食うのは、人々がそう決定して、そう注意するからだ。これでみれば、二年に一度、あるいは三年に一度実るとしても、人々がそのとおり決定して注意をすれば、けっしてさしつかえはない。すべて物の不足するのは、みな覚悟をしていないからだ。だから、人々平日の暮らしかたにも、およそこの位のことにすれば、年末になって余るだろうとか、不足するだろうとか、わからないことはなかろう。これに心づかず、うかうかと暮らして、大晦日《みそか》になって初めて驚くのは愚かの至り、不注意至極だ。ある飯焚女《めしたき》が、一日に一度ずつ米櫃《こめびつ》の米の表面をならしてみれば、米が急に不足することは決してないと言った。これは飯焚女のよい注意だ。米櫃をならしてみるのは、一家の店卸《たなおろし》と同じだ。よくよく決定して注意すべきだ。

二六　善悪同服

翁はこう言われた。善悪の論ははなはだむつかしい。根本を論ずれば善もなく悪もない。善といって分けるから悪というものができるのだ。善悪は人間の考えからできたもので、人道上のものだ。それゆえ、人がなければ善悪はなく、人があってのちに善悪があるのだ。だから、人は荒地を開くのを善とし、田畑を荒らすのを悪とするが、猪や鹿の方では、開拓を悪とし、荒らすのを善とするだろう。世の法は、盗むことを悪とするが、盗人のあいだでは盗むのを善とし、これを押える者を悪とするだろう。だから、どれが善か、どれが悪か。この理由は明らかにしがたい。この理由のもっとも見やすいのは遠近である。遠近というのも善悪というのも原理は同じだ。たとえば、杭《くい》を二本作り、一本には遠と記し、一本には近と記し、この二本を渡して、「この杭をお前のからだより遠い所と近い所と、二ヵ所に立てろ」と言いつければすぐに分かる。私の歌に、

見渡せば遠き近きはなかりけり
　おのれ〳〵が住処《すみど》にぞある

というのがある。この歌を、「善きもあしきもなかりけり」とすれば、人身につきすぎていて分からない。遠近は人身についていないからよく分かるのだ。工事で土地の曲がり具合を眺める場合、あまり目に近すぎるときは見えないものだ。だが遠すぎてもまた視力は及ばない。古語に、「遠き山木なし、遠き海波なし」というのと同じだ。それで、自分の身に関係の薄い遠近に移して諭すのだ。遠近というものは、自分のいる所がまずきまってのちに遠近があるのだ。いる所が

きまらなければ遠近は決してない。大坂を遠いと言うのは関東の人だろう。関東を遠いと言うなら上方《かみがた》の人だろう。禍福・吉凶・是非・得失はみなこれに同じだ。禍福も一つ、善悪も一つ、得失も一つである。もと一つの物の半分を善とすれば、半分は必ず悪である。ところがその半分に悪がないことを願う。これはできがたいことを願うというものである。人が生まれたのを喜べば、死の悲しみはついて離れない。咲いた花が必ず散るのと同じであり、生じた草が必ず枯れるのと同じである。『涅槃経《ねはんぎょう》』にこの譬えがある。ある人の家に容貌の美しく端正な婦人が入ってきた。主人が「どういうお方ですか」と問うと、婦人が答えて、「私は功徳天《くどくてん》である。私が行くところ吉祥《きっしょう》・福徳が無限である」と言う。主人は喜んで招き入れた。婦人が「私に随従する女が一人いる。必ずあとから来るから、これも招き入れてください」と言う。主人は承知した。そのときに一女が来た。容貌醜悪で、いたってみにくい。「どういうお方ですか」と問うと、この女が答えて、「私は黒闇天《こくあんてん》である。私の至るところ不祥・災害が無限である」と言う。主人がこれを聞いて大いに怒って、「急いで立ち帰れ」と言うと、この女が言うには、「前に来た功徳天はわが姉である。しばらくも離れることはできない。姉をとめるなら自分もとめなさい。われを出すなら姉も出しなさい」と。主人はしばらく考えて、二人とも出してやったところ、二人はつれ立って出て行ったということを聞いた。これ生者必滅・会者定離《えしゃじょうり》（生まれた者は必ず死に、会った者は必ず別れる）の譬えである。死生はもとより、禍福・吉凶・損益・得失みな同じだ。もともと禍と福とは同体で一つのものだ。吉と凶とは兄弟で一つのものだ。すべてのことはみな同じだ。いまもそのとおりで、通勤するときは近くてよいと言い、火事だといえば遠くてよかったという。これで分かろう。

二七　善悪同服

禍福は二つあるわけではない。元来一つのものだ。近いもので譬えれば、庖丁《ほうちょう》で茄子《なす》を切り大根を切るときは福《さいわい》である。もし指を切るときは禍《わざわい》である。ただ柄《え》を持って物を切るのと、誤って指を切るのとの違いだけだ。柄だけあって刃《は》がなければ庖丁ではない。刃があって柄がなければ用に立たない。柄があり刃があって庖丁となる。柄があり刃があるのは庖丁の常だ。しかも指を切るときは禍とし、菜を切るときは福とする。だから禍福というのも私物である。水もまた同じだ。畔《あぜ》を立てて引けば田地を肥やして福となり、畔がなくて引けば肥えた土が流れて田地が痩せ、禍となることは限りがない。ただ畔があるのとないのとの違いだけだ。もと同一の水でありながら、畔があれば福となり、畔がなければ禍となる。富は人の欲するところであるが、己のためにするときには禍がそれにしたがい、世のためにするときには福がこれにしたがう。財宝もまた同様だ。蓄えて施せば福となり、蓄えて出さなければ禍となる。これは知っていなければならない道理だ。

二八　変通の事

翁はこう言われた。何事にも変通（臨機応変の処置）ということがある。知っておかなくてはならない。これは言いかえれば権道《けんどう》だ。困難なことを先にするのは聖人の教えであるけれども、これはまず仕事を先にして、あとで賃金を取れというような教えである。たとえば、農家に病人などがあって、耕作や草取りに手おくれになったとき、草の多い所から先に取るのは世間の常のやりかたであるが、そういうときに限って、草が少なくて、やりやすい畑から手入れをして、草がもっとも多い所は最後にする。これがもっとも大切なことだ。もっとも草が多くて手重《ておも》な所を先にすれば、大いに手間どって、その間に草の少ない畑もみな一面の草になって、どれも手おくれになるから、草が多くて手重な畑は、五畝《せ》や八畝は荒れたままでよいと覚悟をして、しばらく捨てておいて、草が少なく手軽な所より片づける。そうしないで手重な所にかかり時日を費やせば、わずかな畝歩《せぶ》のために、総体の田畑が順々に手入れがおくれて、非常な損になる。国家を復興するのもまたこの理屈である。知っておかなくてはならない。また山林を開拓するには、大きな木の根はそのままに差し置いて、まわりを切り開くがよい。そして三、四年たてば、木の根は自然に朽ちて、力を入れないで取れるものだ。これを開拓のとき一時に掘り取ろうとするときは、労が多くて功が少ない。万事がそうだ。村里を復興しようとすれば、必ず反抗する者がある。これを扱うのもまたこの理屈だ。決してかかわってはならず、さわってはならない。気にせずにおいて自らの勤めを励むべきだ。

二九　天命伸縮の事

翁はこう言われた。今日は冬至だ。夜の長いのは天命だ。夜の長いのを嫌って短くしようとしてもどうすることもできない。これを天というのだ。さてこの行灯《あんどん》の皿に油が一杯ある。これもまた天命だ。この一皿の油で、この長い夜を照らすには足りないがこれまたどうにもならない。ともに天命ではあるが、灯心を細くすれば、夜半に消えるべき灯火も夜明けまで持たせることができる。これが人事を尽さなければならない理由だ。たとえば伊勢詣《もうで》をする者が、江戸より伊勢までまず百里として旅費が十円ならば、上り下り二十日として一日五十銭にあたる。これは天命である。それを一日に六十銭ずつ使えば二円の不足となり、四十銭ずつ使えば二円の余りを生ずる。これは人事をもって天命を伸縮すべき道理の譬えだ。この地球は自転運動の世界だから、決して一ヵ所にとどまらない。人間の勤勉・怠惰によって天命も伸縮すべきである。たとえば今朝焚くべき薪がないのは天命であるが、明朝取ってくればあるのだ。いま水桶に水がないのも、さしあたって天命である。しかし汲んでくればすなわちあるのだ。万事この道理だ。

三〇　青木村冥加人足の事

翁が常陸《ひたち》国青木村（現在の茨城県桜川市）のために力をつくされたことは、私の兄大沢勇助が烏山《からすやま》藩の菅谷《すがや》某と相談をして起草し、小田某に託して漢文にした「青木村興復起事」のとおりであるから、いま余分なことは述べない。さて年を経て、翁がその近村の灰塚《はいつか》村の復興方法を扱われたときに、青木村では、旧年の報恩のためだといって、冥加人足《みょうがにんそく》(1)と称して、家ごとに一人ずつ無賃で働いた。翁はこれを見ていて、あとでこう言われた。

「今日来て働いた人夫の大半は二、三男の者で、私が先年手厚く教育した者ではない。これは表には報恩と称して言葉を飾っても、内情はどうか分からない。だから、私はこの冥加人足を出したのを喜ばない」と。

青木村の地頭《じとう》（旗本の川副氏）の使用人の某がこれを聞いて、「私がよく説諭しましょう」と言った。

翁はこれを止めて、「それは道ではない。たとえ内情はどうあれ、旧恩に報いるために無賃で数十人の人夫を出したのだ。内情がどのようであっても賞しなければいけない。また、関係の薄い者にはより手厚くすべきだ。これが道というものだ」と言われて、人夫を招いて、「旧恩の冥加として遠路出てきて無賃で私の仕事を手伝ってくれた。まことに奇特だ」とねんごろに賞し、また感謝し、過分の賃銭を与えて帰村させた。一日をおいて、青木村の村民が老若の区別なく、みな未明から出てきて、終日休まず働いて、賃銭は辞退して帰った。翁はまたいくばくかの金をおくられた。

三一　勤惰一言に分る

翁はこう言われた。一言を聞いても人の勤勉・怠惰は分かるものだ。水を売っても銭が取れると言うのは勉強人だ。江戸は水からでさえ銭が出ると言うのは怠け者の言うことだ。夜はまだ九時なのに十時だと言う者は寝たがる奴《やつ》だ。まだ九時前だと言うのは勉強心のある奴だ。すべてのことに、下に目をつけ、下に比較する者は、必ず向上心のない怠け者だ。たとえば、碁を打って遊ぶのは酒を飲むよりよいとか、酒を飲むのは博奕《ばくち》よりよいというようなものだ。上に目をつけ、上に比較する者は必ず向上する。古語（『論語』子張篇）に「一言《げん》もって知とし、一言もって不知とす」（ただ一言で知者ともされ、不知者ともされる）とあるが、まことにもっともなことだ。

三二　はとがや三志の事

翁はこう言われた。聖人も聖人になろうとして聖人になったのではない。日々夜々、天理に従い人道を尽して行なうのを、他から聖人と呼んだのだ。堯《ぎょう》も舜《しゅん》も一心不乱に親に仕え、人を憐み、国のために尽しただけだが、それを他からその徳をたたえて聖人といったのだ。諺《ことわざ》に「聖人々々というは誰がことと思いしに、おらが隣の丘《きゅう》（孔子）がことか」ということがある。実際にそういうものだ。私が昔、鳩ヶ谷宿を通ったときに、その宿には富士講で有名な三志《さんし》①という人がいるので、三志といってたずねたが誰も知る人がいない。よくよく問いたずねたところ「それは横町の手習師匠の庄兵衛のことだろう」と言われたことがある。これと同じだ。

三三　中村某に教訓

下館《しもだて》侯の宝蔵が火災にかかって、重宝の天国《あまくに》の剣《つるぎ》が焼けた。役人が城下の富商の、中村某という者に言った。

「このように焼けてしまったが、当家第一の宝物である。よく研《と》いで白鞘《しらさや》にして蔵に納めておこうという評議になった。どんなものであろうか」と。中村某は剣を見て、「ごもっともの御相談ですが、無益のことでございます。この剣は、たとえ焼けなくても、このように細身で何の役に立ちましょう。まして焼けたものを、いまさら研いでも何の役にも立ちますまい。このままにしまっておくがよろしゅうございましょう」と言った。そばにいた翁は声もあらく言われた。

「あなたは大家の子孫に生まれ、祖先の余光によって格式を賜わり、人の上に立って、人にも尊敬されていられるが、そのあなたが左様《さよう》なことを言うのは大きな過ちである。あなたが人々に尊敬されるのは太平の恩沢である。いまは太平である。剣が用に立つとか立たないとかを論ずるときではない。あなた自身を反省してみるがよい。あなたの身が用に立つものと思うか。あなたはこの天国の焼身と同じで、実は用に立つものではない。ただ先祖の積徳と、家柄と格式とによって用に立つ者のように見え、人にも尊敬されるのである。焼身でも細身でも重宝と尊ばれるのは太平の恩沢で、この剣の幸いである。あなたを、中村氏と人々が尊敬するのもまた太平の恩沢と先祖の余蔭《よいん》である。用に立つ立たないを論ずるならば、あなたごときは捨ててもよいものだ。たとえ用に立たなくても、当家御先祖の重宝、古代の遺物、これを大切にするのは、太平の今日として当然の理である。私はこの剣のために言うのではない。あなたのために言うのだ。よくよく考えられよ。かつて、水戸公（徳川斉昭）が寺社の釣鐘を取り上げて大砲に鋳《い》なおされたことがあった。私は、このときにも『御処置が悪いわけではないが、まだ太平だからはなはだ早い。太平には鐘や手水鉢《ちょうずばち》を鋳て社寺に納めて太平を祈らせるのがよい。もし万一のときには、ただちに取り上げて大砲にしても異議を言う者はない。社寺は心から喜んで捧《ささ》げよう。こうしてこそ国は保てるのだ。もし敵を見て大砲を造るのは、いわゆる盗人《ぬすびと》を捕えて縄をなうようなものだという人もあろう。そうではあるが、尋常普通の敵を防ぐには今日の備えで足りる。敵が容易でないのを見て、わが領内の鐘を取って大砲に鋳ても遅いことがあろうか。それだけの時日もないほどならば、大砲があってもきっと防ぐことはできないだろう』と言ったことがある。太平のときに何で乱世のごとき議論を出す必要があろうか。このように用に立たない焼身をも宝にする。まして用に立つ剣はなおさらのことである。だから、自然によい剣も出てこよう。さればよく研ぎあげて白鞘にして、元のように服紗《ふくさ》に包み、二重の箱に入れて重宝とすべきである。これはあなたに帯刀を許し格式を与えるのと同じだ。よくよく心得られよ」と。中村某は平伏して詫《わ》びた。これは九月のことであった。翌朝、中村氏は発句《ほっく》を作ってある人に示した。

じりじりと照りつけられて実《みの》る秋

その人はこれを翁に見せた。翁はこれを見て限りなく喜んで、こう言われた。

「私は昨夜中村を教戒したが、定めて不快の念をいだくか、内心に怒りが一杯《いっぱい》であろうかと、ひそかに案じていた。しかし、家柄と大家とに恐れをなして、おもねる者ばかりであるから、しらずしらずに増長して、ついには家を保つこともおぼつかないと思ったので、やむを得ず厳重に戒めたのだ。ところが怒気もなく、不快の念も持たず、謙虚な心で平然とこの句を作った。これで、器量が案外にすぐれ、大きな度量であることがわかった。この家の主人たるに恥じない。この家を維持することは疑いない。古語に、『われを非として当たる者はわが師なり』とある。また、禹《う》という偉大な王は善言を拝したということもある。お前たちも肝に銘じておきなさい。富家の主人は、何を言っても、『ごもっともごもっとも』と追従《ついしょう》を言われているので、錆付者《さびつき》ばかりで、砥石《といし》にあたって研ぎ磨かれることがないから高慢心が生ずるのだ。たとえば、ここに正宗《まさむね》の刀があったとしても、研ぐこともなく磨くこともなく、錆付物と一所に置かれれば、たちまち腐れて紙さえ切れないようになろう。そのとおり、三味線引きや太鼓持ちなどとばかり交わっていて、『それもごもっとも、これもごもっとも』と、こびへつらうのを喜んで明け暮れて、一人の争友もないのは、危いことではないか」

三四　高野某に教訓

翁は高野某を諭してこう言われた。物にはそれぞれ天から授かった運命というものがある。燃えさかっている猛火に近づくことはできないが、薪《たきぎ》が尽きれば火は自然に消えるものだ。矢や鉄砲玉が飛んでいくときには、当たった所を必ず破り、当たった人を必ず殺すけれども、矢の勢いが尽き、鉄砲玉の火薬の力がなくなれば、草むらの間に落ちて、人に拾われるようになる。人も同じことだ。自分の勢いが世の中に行なわれても、自分の力と思ってはいけない。親や先祖から伝え受けた地位や封禄の力と、拝命した官職の威光とによるものだからだ。祖先伝来の地位や封禄の力か、官職の威光がなければ、どんな人も、弓勢《ゆんぜい》が尽きた矢か、火薬力の尽きた鉄砲玉と同じで、草むらに落ちて、人々に馬鹿にされるようになるだろう。そこを考えなくてはいけない。

三五　仕法初めは蓄積を尊ばざる事

高野氏は、相馬領内で人に先んじて仕法の開始を懇願した人だ。そこで同氏が預かっている成田と坪田の二ヵ村で仕法を開始したのだ。仕法を始めてわずか一年で、分度外の米四百俵を産み出した。同氏は蔵を建てて、それに収めて貯蔵し、凶年の備えにしようとした。そのとき翁はこう言われた。村里の復興をはかる者は、米や金を蔵に貯《たくわ》えることを大事なこととはしない。この米や金を村里のために消費するのを第一とするのだ。その米金の使いかたの上手下手《じょうずへた》で復興が早くもなれば遅くもなるので、そこが一番大事なところだ。凶年に備えて貯蓄をしておくのは、仕法が完成したときのことだ。いまあなたが預かっている村里の仕法は去年開始したところだ。これから一村が復興し、永世安穏にやっていける計画を立てるべきだ。これこそこの村にとって急務だという事業を、よくよく協議して、開拓なり、道路や橋梁《きょうりょう》なり、貧民の救済なり、第一に急いですべきことを先にし、また村里のために利益の多いことに着手し、害のあることを除くことに米金を消費すべきだ。急務のことがみな終わったなら、山林を仕立てるもよし、土壌の転換もよかろうし、非常の飢饉《ききん》や疫病《えきびょう》に備えることなどは最もよかろう。あなた方は、よくよく考えられるがよい。

三六　事をなし過るの戒

ある人が、とかくやり過ぎる癖があった。翁は諭してこう言われた。すべて物ごとには限度というものがある。飯を炊《た》くにも料理をするにも、みなよろしい程あいが肝要だ。私のやりかたも同じだ。世話をやかなければ行なわれないのはもちろんであるが、世話もやきすぎるとまた人に嫌われ、どうしてよいか分からず、まあうっちゃっておこうなどということになる。古人の句に、

さき過ぎて是さえいやし梅の花

とある。うまく言いあらわしている。万事、過ぎるのは及ばないよりもいけない。心得るべきことだ。

三七　飯高某に教訓

浦賀の人で飯高六蔵《いいだかろくぞう》は多弁の癖があった。暇《いとま》を乞うて国に帰ろうというとき、翁は諭してこう言われた。あなたが国へ帰ったら人に説くことを止めなさい。人に説くことを止めて、自分の心で自分の心に意見しなさい。自分の心で自分の心に意見するのは、「柯《か》を取って柯を伐《き》る」（斧の柄を作るのに現に持っている斧の柄を標準にする。――『詩経』）よりたやすい。もともと自分の心だからだ。意見をするのはあなたの道心（私欲のない心）である。意見されるのはあなたの人心（私欲のある心）である。寝てもさめても、坐っても歩いても離れることがないから、行住《ぎょうじゅう》坐臥《ざが》油断なく意見をしなさい。もし酒が好きなら、多く飲むのを止めるように意見し、すぐに止めればよし、止めないときには幾度も意見しなさい。

そのほか奢りの念が起きるときにも、安逸の欲が起きるときにもみな同じだ。万事このようにみずから戒めれば、これは無上の工夫《くふう》である。この工夫を積んで、自分の身が修まり家が斉《ととの》ったならば、これは自分の心が自分の心の意見を聞いたのだ。そのときになれば、あなたの言うことを聞く人もあろう。自分の身を修めて人に及ぶからだ。自分の心で自分の心を戒め、自分の心が聞かないようなら決して人に説いてはならない。またあなたが家に帰ったなら商業に従事することだろう。土地柄といい、代々の家業といい当然のことだ。しかし、あなたは売買をしても、決して金をもうけようなどと思うな。ただ商道の本意を勤めなさい。商人たる者が商道の本意を忘れれば、目先の利益は得ても、終局は滅亡を招くだろう。よく商道の本意を守って努力すれば、財宝は求めなくても集まり、富貴・繁昌ははかりしれない。必ず忘れてはならない。

三八　湯桁にて教訓〝譲奪の弁〟

嘉永五年（一八五二）正月、翁が私（福住正兄《ふくずみまさえ》）の家の温泉に数日にわたって入浴された。私の兄大沢精一が翁に従って入浴したとき、翁は湯桁《ゆげた》におられてこう諭された。世の中には、お前たちのような富者でありながら、みな十分であることを知らずに、あくまでも利をむさぼり、不足を唱えるのは、大人《おとな》がこの湯船の中に立って、屈《かが》まないで湯を肩にかけて、「湯船がはなはだ浅い。膝にも達しない」と罵《ののし》るようなものだ。もし湯をその望みのように深くすれば、小人・童子は入浴できないだろう。これは湯船が浅いのではなく、自分が屈まないのが過ちである。この過ちをよく知って屈めば、湯はたちまち肩に達して、おのずから十分になる。何も他に求めることはない。世間で富者が不足を唱えるのは、これとどこが違おう。分限を守らなければ千万石あっても不足である。一度、過分の過ちを悟って分度を守ったならば、余裕が自然にできて、人を救うに余りがある。湯船は大人は屈んで肩につき、小人は立って肩につくのを中庸《ちゅうよう》とする。百石の者は五十石に屈んで、五十石の余裕を譲り、千石の者は五百石に屈んで、五百石の余裕を譲る。これが中庸だ。もし一郷のうち一人がこの道を踏んだならば、人々はみな分を越える誤りを悟ろう。人々がみなこの誤りを悟り、分度を守ってよく譲れば、一郷は富み栄え、平和になること疑いない。古語（『大学』）に「一家仁なれば、一国仁に興る」（一家に仁の道が実現されれば、国全体も仁に興る）といっている。よく考えるべきだ。仁は人道の最高のものだが、儒者の説ははなはだむつかしくて用をなさない。近いところでたとえれば、この湯船の湯のようなものだ。これを手で自分の方に掻《か》けば、湯はわが方に来るようだが、みな向うへ流れて帰る。これを向うへ押せば、湯は向うの方へ行くようだが、またわが方へ流れ帰る。少し押せば少し帰り、強く押せば強く帰る。これが天理だ。仁といい、義というのは向うへ押すときの名だ。わが方へ掻くときは不仁となり不義となる。慎まなくてはいけない。古語（『論語』顔淵篇）に「己《おのれ》に克《か》って礼に復《かえ》れば天下仁に帰す。仁をなす、己による。人によらんや」（自分にうちかって礼の規則にたちかえることができたら天下の人々がその仁徳になびき集まるであろう。仁を実践するのは自分次第である。どうして他人をあてにすることがあろうか）とある。己とは手のわが方へ向くときの名だ。礼とはわが手を先の方へ向けるときの名だ。わが方へ向けては、仁を説いても義を述べても、みな無益だ。よく考えてみなさい。まあ、人体の組立てを御覧、人の手はわが方へ向いて、わがために便利にできているが、また向うの方へも向き、向うへ押すようにもできている。これが人道の原理だ。鳥獣《とりけもの》の手はこれに反して、ただわが方へ向いて、自分に便利なだけだ。だから人たる者は、他のために押す道がある。それを、自分自身の方へ手を向けて、自分のために取ることばかりを勧めて、先の方へ手を向けて、他人のために押すことを忘れるのは、人にして人でない。いってみれば禽獣《きんじゅう》だ。恥ずかしいことではないか。ただ恥ずかしいばかりでなく、天理に反するから、ついには滅亡する。そこで、自分が常に奪うには益がなく、譲るに益がある。譲るに益があって、奪うには益がない。これがすなわち天理だ。よくよく玩味《がんみ》するがよい。

三九　里は仁をよしとす

翁はこう言われた。学問は活用を尊ぶ。万巻の書を読むといっても、活用しなければ用をなさない。『論語』(里仁篇)に「里は仁をよしとす。撰んで仁に居らずんば、いずくんぞ智を得ん」(村は仁に厚い気風の村がよい。住む場所を選ぶのに、仁の村を選ばない人は、とても智者とはいえない)とある。まことに名言である。そうはいっても、各地を遊歴する人や借家人などならば、仁の村を選んで住むこともできよう。しかし田畑・山林・家蔵《いえくら》などを所有している、何村の何某といわれる者は、どんな仁義の村があったとて、その村に引っ越すことができようか。だからといって、その不仁の村に不快に思いながら住んでいては智者といわれないことはもちろんだ。さて、決然と不仁の村を捨てて仁義の村に引っ越す者があっても、私はこれを智者とはいわない。書を読んで活用を知らない愚者だ。なぜなら、何村の何某といわれるほどの者が全戸を他村に引き移すことは容易ではない。その費用も莫大であろう。この莫大な費用を使い、住みなれた故郷を捨てるのは、もっともおろかなことだ。人には道があり、道は野蛮な国でも行なわれるものだから、どんな不仁の村里といっても、道が行なわれないということはない。自らこの道を行なって、不仁の村を仁義の村にして、先祖代々のその所に永住することこそ智というべきだ。こうでなければ、けっして智者とはいえない。さて、その不仁の村を仁義の村にするのは、それほどむつかしくはない。まず自分で道を踏んで、自分の家を仁にすることだ。自分の家が仁にならずに村里を仁にしようとするのは、白砂を炊《た》いて飯にするのと同じだ。自分の家が真実に仁になれば、村里が仁にならないことはない。古語（『大学』）にもある。「一家仁なれば一国仁に興り、一家譲りあれば一国譲りに興る」（一家に仁の道が実現されれば国全体も仁に興る。一家に謙譲の徳が実現されれば、国全体も謙譲の徳が盛んになる）と。またこうも言っている。「まことに仁に志せば悪なし」（心から仁を志向すれば悪はなくなる）と。このとおり、けっして疑いのないものだ。ここに竹木など本末《もとすえ》が入り交り、竪横《たてよこ》に入り乱れているのを、一本ずつ本を本とし、末を末にして終りまでやれば、ついには本末がそろって整然となるようなものだ。古語（『論語』顔淵篇）に「直を挙げて諸《もろもろ》の曲がれるを措くときは、よく曲がれる者をして直からしむ」（正直者を引き立て、不正直者を捨てて用いなければ、不正直者を正直者にすることができる）とあるとおり、善人や正直者を挙げて、たえず厚く賞誉するならば、必ず四、五年を経ないで整然とした仁義の村となることは疑いない。世間の富者は、この原理がわからず、書を読んでも活用することを知らず、わが家を仁義にすることを知らず、いたずらに迷って、村里の不仁なのをにくみ、村民は義を知らず、人気が悪く風儀が悪いと罵って、他方に移ろうとする者が往々ある。これはおろかというべきだ。

さて村里の人気を一新し、風俗を一洗するということは、はなはだ困難なことだが、誠心をもってして、その方法を得れば、さほど難事ではない。まず衰貧を挽回《ばんかい》し、頽廃《たいはい》を復興することから着手して、次第に人気や風儀を改善すべきだ。さてその人気・風儀を一新するのに機会がある。たとえば、ここに戸数百戸の村がある。そのうち四十戸は衣食に不足がなく、六十戸が窮乏していれば、その一村は貧しいことを恥としない。貧しいのを恥としなければ租税を納めないのを恥とせず、借財を返さないのを恥とせず、夫役《ぶやく》を怠るのを恥じず、質を入れるのを恥じず、暴言を吐くのを恥じない。こうなると、上の法令も名主の命令も行なわれない。法令が行なわれなければ悪行の仕放題《しほうだい》である。これをどうして導こうか。こうなっては法令も教諭もみな益のないものだ。

また百戸のうち、六十戸は衣食に不足がなく四十戸は貧窮しているときは、教えなくてもおのずから恥を知る。恥を知れば義心が生じ、義心が生じれば租税を納めないのを恥じ、借財を返さないのを恥じ、夫役を怠るのを恥じ、質を入れるのを恥じ、暴言をはくのを恥じる。こうなれば法令も行なわれ、教導も行なわれ、善道に導くこともでき、勉強にも向かわせることができる。機会というのはこのようなものだ。たとえば秤《はかり》の釣合のようなものだ。左が重ければ左に傾き、右が重ければ右に傾くように、村内に貧者が多いときは貧に傾き、悪が多いときは悪に傾く。ゆえに、ともに恥がない。富者が多いときには富に傾き、善が多いときには善に傾く。ゆえに恥を生じ、恥を生ずれば義心を生ずる。悪い風俗を一洗して一村を復興する事業はこの機をとらえるにある。これを知らなくてはいけない。どんな良法仁術といっても、村中に一戸も貧者がないようにするのはむつかしい。なぜなら、人に勤勉・怠惰があり、強・弱があり、智・愚があり、家に積善もあれば不積善もあり、加えて前世の宿縁もあり、これをどうすることもできないからだ。こういう貧者は、ただその時々に不足を補って、どん底に落ちないようにしてやることだ。

四〇　天禄永終の説

翁はこう言われた。入るのは出たものが帰るのだ。来るのは押し譲ったものが入りくるのだ。たとえば、農夫が田畑のために力を尽し、人糞《こやし》をかけ干鰯《ほしか》を用い、作物のために力を尽せば、秋になって実《みの》りを得ることが必ず多いにちがいない。ところが、菜をまいて芽が出ればすぐに芽をつみ、枝が出れば枝を切り、穂を出せば穂をつみ、実がなれば実を取る。こうしていては決して収穫がない。商法もまた同じことで、自分の利欲のみを考えて、買う人のためを思わず、むりやりにむさぼれば、その店の衰えることは眼に見えている。古語（『書経』大禹謨）に「人心これ危《あやう》し。道心これ微《かす》かなり。これ精、これ一《いつ》。まことにその中《ちゅう》を執《と》れ。四海困窮せば、天禄永く終わらん」とある。これは舜《しゅん》より禹《う》へ天下を譲るときの心がまえである。上《かみ》の者は下《しも》から取り立てることが多く、下が困窮すれば上の天禄も永久に終りとなる。終わるのではなく、天より賜わったものを、天に取り上げられるのだ。その原理はまた明白で、まことに金言である。

しかし儒者のように講じては、今日のことには何の用にも立たないから、いまおまえたちのために分かりやすく読んできかせよう。中国の話だと思ってうかつに聞かず、よく肝に銘じておけよ。「人心これ危し。道心これ微かなり」というのは、身勝手にすることは危いものだぞ、他のためにすることはいやになるものだぞということだ。「これ精、これ一。まことにその中を執れ」とは、よく精力を尽し、一心堅固に、二百石の者は百石で暮らし、百石の者は五十石で暮らし、その半分を推譲して、一村の衰えないように、一村のますます富み、ますます栄えるように努力せよ、ということだ。「四海困窮せば、天禄永く終わらん」とは、一村困窮するときは、田畑を何ほど持っていても、決して作徳は取れないようになるものだぞということであると心得るがよい。帝王の話だからこそ四海といい、天禄というので、おまえたちのためには、四海を一村と読み、天禄は作徳と読め。よくよくこれを肝に銘じなさい。

四一　福禍一なる事

翁はこう言われた。吉凶・禍福・苦楽・憂歓等は相対するものだ。なぜならば、猫が鼠をとるときは一番の楽しみであるが、とられた鼠は一番の苦しみだ。蛇の最大の喜びは蛙の最大の苦しみである。鷹の最大の喜びは雀の最大の苦しみである。猟師の楽しみは鳥獣の苦しみであり、漁師の楽しみは魚の苦しみだ。世界のことはみなこうだ。こちらが勝って喜べば、あちらは負けて悲しむ。こちらが田地を買って喜べば、むこうは田地を売って悲しむ。こちらが利を得て喜べば、かれは利を失って悲しむ。人間世界もみな同じことだ。たまたま悟りを開く者があれば、この世を嫌って山林に隠れ、世をのがれ世を捨てる。これまた世の中の用にはたたない。その志なり行ないなりは尊いようだが、世のためにならなければ誉めるにあたらぬ。私のざれ歌に、

ちゅう〳〵となげき苦しむこえきけば
　鼠の地獄猫の極楽

とある。笑って聞いておいてくれ。ここに、あちらが喜び、こちらも喜ぶ道がないはずはないと考えると、天地の道、親子の道、夫婦の道、また農業の道の四つがある。これは法則とすべき道だ。よく考えなさい。

四二　無利足金の説

翁はこう言われた。世界の中で法則とすべきものは、天地の道と親子の道と夫婦の道と農業の道との四つである。この道はまことに両者が完全なものである。万事この四つを法とすれば誤りがない。私の歌に、

おのが子を恵む心を法《のり》とせば
　学ばずとても道に到らん

と詠んだのはこの心である。天は生々の徳を下し、地はこれを受けて発生し、親は子を育てて、損益を忘れ、ひたすら成長を楽しみ、子は育てられて親を慕う。夫婦の間もまた相互に楽しみ合って子孫が相続する。農夫は勤労して植物の繁栄を楽しみ、草木もまた喜びにあふれて繁茂す

る。みな相ともに苦情がなく喜びの情ばかりだ。さてこの道にのっとるときは、商法は売って喜び、買って喜ぶようにすべきだ。売る人は喜び、買う人は喜ばないのは道ではない。買う人は喜び、売る人は喜ばないのも道ではない。貸借の道もまた同じだ。借りて喜び、貸して喜ぶようにすべきだ。借りた者は喜び、貸した者が喜ばないのは道ではない。貸し手が喜び、借り手が喜ばないのも道ではない。万事このとおりだ。私の教えはこれを法則とする。それゆえ、天地生々の心を心とし、親子と夫婦との情に基づき、損益を度外視して、国民が潤い、土地が復興することを楽しむのだ。そうでなければできない仕事だ。

無利息金貸付の道は、元金が増加するのを徳とせず、貸付高が増加するのを徳とするものだ。これは利をもって利としないで、義をもって利とするということだ。元金の増加を喜ぶのは利心である。貸付高の増加を喜ぶのは善心である。元金は終りまで百円であっても、六十年間くりかえし貸すときは、その貸付高は一万二八五〇円になる。そして、元金は元のとおり百円で増減がなく、国家人民のために利益のあることは莫大だ。まさに日輪が万物を生育し、万年を経ても一つの日輪であるようなものだ。古語（『孝経』）に「敬するところの者少なくして、悦ぶ者多し。これを要道という」（尊敬する対象は小人数でありながら、その結果、礼儀正しい風俗が広まり、多くの人が喜びを得る。これが大切な道である）とあるのに近い。私がこの法を立てた理由は、世間には金銀を貸し、催促をしつくしたあと裁判を願い、それでも取れないときになって無利息年賦とするのが通例なので、その理屈をまだ貸さないうちにみて、この法を立てたのだ。しかし、それでもまだ不十分な点があるので、無利息何年据置《すえおき》貸しという法をも立てた。こうしなければ、国を興し世を潤すことはできないのだ。すべて事は、成り行くべき先を、前に決めておくことにある。人は、生まれれば必ず死ぬものだ。死ぬべきものだということを前に決定《けつじよう》すれば、生きているだけ日々が利益だ。これが私の道の悟りだ。生まれ出たうえは、死のあることを忘れてはいけない。夜が明ければ暮れるということを忘れてはならない。

四三　村里の興復

翁はこう言われた。村里の復興は正しい人を挙げるにある。土地の開拓はよく肥えた土地を挙げるにある。ところが、善人はとかく退いて引きこもる癖のあるものだ。つとめて引き出さなければ出ない。よく肥えた土地は必ず低いくぼんだ所にあって、掘り出さなければあらわれないものだ。これに心づかずに開拓場をならしてしまえば、肥えた土地はみな土中にうずまって永久にあらわれない。村里の損失はこれ以上のことはない。村里を復興するのもまた同じ理屈だ。善人を挙げて隠れないように勤めるべきだ。また土地の改良をしたければ、肥えた土を掘り出して田畑に入れるがよい。それと同じに、村里の復興は、善人を挙げ、精を出す人を賞誉することにある。これを賞誉するには、投票で、耕作に精を出して品行がよく心がけのよい者を選び、無利息金の旋回貸付法を行なうがよい。この法は、たとえば米を臼でつくようなものだ。杵《きね》はただ臼のまん中をつくだけだが、臼の中の米は同一に白米になるのと同じ道理で、返済さえ滞らなければ、社中一同が知らず知らずに自然と富貴になろう。そして、返済が滞るのは、たとえば臼の米がかきまざらないようなものだ。これは、この仕法には大きな患《わざわい》だ。臼の米がかきまざらなければ、むら搗《つ》きになって、米が折れくだけるものだ。この仕法で返済が滞ると、仕法が萎《な》えしおれてしまって振わなくなる。貸付取扱いのさいに、よくよく注意して説諭すべきだ。

四四　運の事真理

翁はこう言われた。世の人は、運ということに心得違いをしている。たとえば、柿や梨を籠からあけるときには、自然に上になるものもあれば下になるものもある。上を向くのもあれば下を向くのもある。こういうのを運だと思っている。運というものがこういうものならば頼むにたりない。なぜなら、人事を尽してそうなるというものではなく、偶然になるものだから、ふたたび籠に入れなおしてあければ、みな前とは違うだろう。これは博奕《ばくち》の類で運とは違う。いったい、運というのは、運転の運で、いわゆる廻りあわせというものだ。運転は世界の運転に基づき、天地に定規があるから、「積善の家に余慶あり、積不善の家に余殃《よおう》あり」（善を積んだ家には余分の喜びがあり、不善を積んだ家には余分の憂いがある。――『易経』）幾回旋転しても、この定規にはずれず、廻りあわせることをいう。よく世の中にあることだが、提灯《ちょうちん》の火が消えたために禍をまぬがれ、また履物《はきもの》の緒《お》が切れたので災害をのがれたなどということは、これは偶然ではなくて真の運だ。仏教でいう因応《いんおう》の道理がこれだ。儒道で、「積善の家に余慶あり、積不善の家に余殃あり」というのは、天地間の法則で、古今に通ずる格言であるが、仏理によらなければ判然としないところがある。仏には三世（過去・現在・未来）の説がある。儒道で説く理も、三世を見通さなければ、疑いがないわけにはゆかない。疑いがはなはだしいあまり、天を怨み人を怨むことになる。三世を見通せば、この疑いがなく、雲霧がはれて晴天を見るごとく、みな自業自得であることを知る。それゆえ、仏教で三世の因縁を説くのは、儒道の及ばないところだ。いまここに一本の草がある。現在は若草だが、その過去を悟れば種だ。その未来を悟れば花が咲き実りがある。茎が高くのびたのは肥料の多い因縁であり、茎の短いのは肥料の少ない応報だ。その理は、三世にわたってみれば明白である。

そして、世人は、この因果応報の理を仏説だという。これは書物上の論だ。これを私の流儀の、不書の経によって考えれば、釈迦がまだこの世に生まれない昔から行なわれている天地間の真理だ。不書の経とは、私の歌に、

聲《おと》（音）もなく香《か》もなく常に天地《あめつち》は
　書かざる経をくり返しつつ

と言っている、四時行なわれ、万物が完成するところの真理をいうのだ。この経を見るには、肉眼をとじ、心眼を開いて見なさい。さもなければ見えない。肉眼に見えないわけではないが、徹底しないのだ。因果応報の原理は、米を蒔《ま》けば米が生《は》え、瓜のつるに茄子《なす》がならないという原理だ。この原理は、天地開闢《かいびやく》から行なわれて、今日にいたっても間違いはない。日本だけでそうなのではなく、万国みな同じだ。されば、天地の真理であることは説明しなくても明らかだ。

四五　大島の歌

翁はこう言われた。「天地の真理は不書の経文でなければ見えないものだ。この不書の経文を見るには、肉眼で一度見渡して、そのあと肉眼をとじ、心眼を開いてよくみよ。どんな微細な真理も見えないことはない。肉眼で見るところは限りがあり、心眼の見るところは限りがないからだ」と。大島勇助が言うには、「先生の説は実に深遠でございます。おこがましゅうございますが一首詠みました。

眼を閉じて世界の内をよく見れば
晦日《みそか》の夜《よ》にも有明の月」

翁は「そなたの生涯の傑作だ」と言われた。

四六　梅辻氏の説咄

賀茂《かも》の社人で梅辻《うめつじ》(1)という神学者が江戸に来て、神典《しんてん》ならびに天地の功徳《くどく》、造化の妙用を講じた。翁は一夜、ひそかにその講談を聞かれた。そしてこう言われた。その人物は、弁舌さわやかで飾りもなく、立居《たちい》ふるまいも静かで物に拘泥せず、実にすぐれた人物だといえよう。その説くところもおおよそもっともだ。しかし、まだ尽さないことばかりが多い。このくらいのことでは、一村はもとより、一家でも衰えたのを興《おこ》すことはできまい。何となれば、その説くところに目的がなく、到達する所がなく、専ら倹約を尊んで、やみくもに、ただ倹約せよ倹約せよと言って、倹約をして何にするということがなく、善をせよと言って、その善とするところを説かず、善を為す方法を言わない。その説くところを実行すれば、上下の区別が立たず、上国・下国の区別もなく、このように倹約をしたとしても、何のおもしろいこともなく、国家のためにもならない。その他の諸説は、ただ弁論が上手なだけだ。いったい私が倹約を尊ぶのは、用いるところがあるからだ。住居を簡素にし、衣服を悪くし、飲食を粗末にするのは、資本を作り、国家を富有にし、万人を救済するためだ。かれが目的もなく、到達する所もなく、ただ倹約せよというのとは大いに違う。誤解してはいけない。

四七　貧富の論

翁はこう言われた。将来のことを考える者は富み、目先のことだけを考える者は貧《ひん》する。将来のことを考える者は百年後のために松杉の苗を植える。まして春に植えて秋に実るものはなおのことだ。それゆえ富有だ。目先のことだけを考える者は、春に植えて秋に実るものをもなお遠いといって植えない。ただ目の前の利益に迷って、蒔かないで取り、植えないで刈り取ることばかりに目をつける。それゆえ貧窮する。蒔かないで取り、植えないで刈るものは、目の前に利益があるようだが、一度取れば二度刈ることはできない。蒔いて取り、植えて刈る者は、年々尽きることがない。ゆえに無尽蔵というのだ。仏教で福聚海《ふくじゆかい》というのもまた同じだ。

四八　巡村の節の事

翁がある村を巡回されたとき、惰弱で掃除をしない者がいた。翁はこのように不潔をきわめておけば、お前の家は長く貧乏神の住所となろう。貧乏をのがれようと思うなら、まず庭の草を取り、家屋を掃除しなさい。こう不潔では、また疫病神《やくびょうがみ》もとまりにこよう。よく心がけて、貧乏神や疫病神にはいられないように掃除をしなさい。家に汚物があれば汚蠅《くそばえ》が集まるように、庭に草があれば蛇蝎《だかつ》が喜んで住む。肉が腐って蛆《うじ》が生じ、水が腐って孑孑《ぼうふら》が生ずる。だから心身が汚れれば罪悪が生じ、家が汚れれば病気がおきる。恐ろしいことだ」と諭された。また一軒、家は小さいが内外とも清潔な家があった。翁は「この家の者は、遊惰・無頼の徒か博奕打ちの類か。家内を見るに、俵もなければ、よい農具もない。農家の罪人だろう」と言われた。村役人は、よく当たっているのに驚いた。

四九　復讐の理なき事

両国橋辺で敵打ちがあった。「勇士だ」「孝子だ」と人びとが誉めた。翁はこう言われた。復讐を尊ぶのは、まだ真理を見きわめない人だ。東照公（徳川家康）も、敵を持つ国に生まれられたので、父祖の敵を打つことばかりを願われたのに、祐誉《ゆうよ》上人の説法に、復讐の志は小で益がなく、人道ではないという道理を教えられ、国を治め万民を安んずるのが天理であって、大きな道理であることを示された。公は初めてこの真理に感じ、復讐の念を捨て、国を安んじ民を救う道に心力を尽くされた。これより公の大業が成り、万民が塗炭《とたん》の苦しみをまぬがれたのだ。この道はひとり東照公のみに限らない。凡人でも同じだ。

こちらから敵を打てば、彼もまた必ずこの恨みを報復しようとする。そうするときは、怨恨が結んで解けるときがない。たがいに復讐々々と、ただ恨みを重ねるだけだ。これは仏教でいう輪廻《りんね》であって、永劫《えいごう》に修羅道に落ちて人道を踏むことはできない。愚の至りで悲しいことだ。また、たまたまは返り打ちにあうこともあり、痛ましいことではないか。これは道に似て道でないからだ。されば復讐は政府に懇願すべきだ。政府はまた草を分けてその悪人をたずねて刑罰すべきだ。そこで、自らは「恨みに報いるに直《なおき》をもってす」（恨みには正しい心をもって対処する）という聖語（『論語』憲問篇）にしたがって、復讐をやめ家を修め、立身出世を謀り、親先祖の名をあらわし、世を益し人を救うという天理を勤める以上のことはない。これは子たる者の道で、すなわち人道である。世の風習は人道ではなく修羅道だ。

天保の飢饉に、相州大磯宿の川崎某[1]という者が乱民に打ちこわされた。役人は乱民を捕えて牢に入れ、また川崎某をも入牢させること三年に及んだ。某は憤怒にたえず、上下を怨み、上下にこの怨みを報復しようと夢中になった。私はこれに教えて、復讐は人道ではない理由を説明し、富有な者は貧民を救い、宿内を安らかにするのが天理だと言った。某はそれでも納得できず、鎌倉円覚寺の淡海《たんかい》和尚に質問し、そこで悔悟して、心を決し、初めて復讐の念をたち、身代を残らず出して宿内を救助した。宿内は急に仲良くなり、某を尊敬すること父母のごとくになった。役人もまた手厚く某を賞した。私がただ、復讐は人道ではなく、世を救い世のためにすることが天理であることを教えただけでこの好結果を得た。もし誤って復讐の謀略をめぐらしたならば、どんな修羅場を現出したか知れない。恐れなければならないことだ。

五〇　不動心の事

翁は、床《とこ》のかたわらに不動尊の像をかけていられた。山内薫正《ただまさ》(1)が問うて、「あんたは不動を信ずるのか」と言った。翁はこう言われた。私は壮年のとき、小田原侯（大久保忠真）の命を受けて下野国《しもつけ》物井《ものい》に来ました。人民が離散し土地は荒れ、どうすることもできません。そこで、成功するかどうかにかかわらず、生涯ここを動かないと決意しました。たとい事故が起き、背に火が燃えつくほどのことになっても決して動くまいと死をもって誓いました。ところが、不動尊は動かざれば尊しと訓《よ》みます。私はその名義と、猛火が背を焚《や》いても動かない像形《ぞうぎよう》を信じ、この像をかけて、妻子にその心のほどを示しました。不動尊にどんな功徳《くどく》があるか知りませんが、私が今日に至ったのは、不動心の堅固一つにあります。そこで今日もなおこの像をかけて妻子にその心のほどを示すのです、と。

五一　秋の田の歌

翁はこう言われた。百人一首（天智天皇の歌）に、

　秋の田のかりほの庵《いお》のとまをあらみ
　　わが衣手《ころもで》は露にぬれつつ

とある。このお歌を歌人が講釈するのを聞くと、ただ言葉だけで、深い意味もないようである。何事も自分の心だけでしか理解できぬものだからであろう。春夏は、百種百草が芽を出し、生《お》い

育ち、枝葉が繁り栄え、百花は咲き満ち、秋冬になれば、葉が落ち実が熟して、百種百草みな枯れる。すなわち植物の終りである。およそ事の終りは、奢る者は亡び、悪人は災にあい、盗人は処刑される、一生の業果の応報を、草木の熟する秋の田に寄せての御製であろう。「とまをあらみ」とは、政事があらくして行きとどかぬことを歎かせたもうのである。お慈悲お憐みの深さが言外にあらわれている。この者は何々によって獄門に処せられるものである、わが衣手は露にぬれつつ。この者は火あぶりに処せられる者である、わが衣手は露にぬれつつ。誰は家事不取締りにつき蟄居《ちっきょ》申しつける、わが衣手は露にぬれつつ。悪事をして処刑せられる者も、政事の届かぬゆえ、奢りに長じて滅亡する者も、わが教えの届かぬゆえと、お憐みの涙で袖をおしぼりになったという歌である。感銘すべきである。

私が初めて下野国物井に行ったとき、村落を巡回した。人民は離散して、ただ家のみが残り、あるいは立ち腐れとなって、礎《いしずえ》のみ残り、あるいは屋敷のみ残り、井戸のみ残り、実にあわれはかない形を見ると、あわれこの家に老人もあったであろう。婦女児孫もあったであろうに、いまこのように雑草の萱《かや》や葎《むぐら》が生《お》い茂り、狐《きつね》や狸《たぬき》の住居と変わったかと思えば、実に「わが衣手は露にぬれつつ」のお歌も思いあわせて、私も袖をしぼったのである。京極黄門《きょうごくこうもん》（藤原定家）が百人一首を選ばれたとき、その巻頭に、この御製をのせられて、いま諸人が知るところとなったのは悦ばしいことである。感謝すべきことだ。

五二　放れ馬の出し

道路の普請《ふしん》に人が多く出ていた。通りかかった小荷駄馬《こにだば》が驚きさわいで静まらない。人々が立ちさわぐのを馬子《まご》が制して、静かに静かにと言って、手拭で馬の目を隠し、額《ひたい》から面をなでた。馬は静かになって通り過ぎた。翁はこう言われた。馬子のやりかたはまことによい。『論語』(学而篇)に、「礼の用は和を尊しとす。小大これによる」(礼機能としては調和が貴重である。大小のものごとはすべてこれによる)とあるのにかなっている。私が初めて下野国物井を治めたのも、このとおりであった。さわぎ立つのを静めるのはこの道理にある。私が物井を治めたとき、金は無利息で貸し、返さなくても催促せず、無道な者も咎めず、年貢も難儀ならば免除すると言った。「しかし勤労して肥料を施さなければ米も麦も取れず、いやいやながらも勤労すればこそ、芋も大根も食うことができるのだ。難儀と思う年貢を出せばこそ田畑も自分の物になって耕作もできるではないか」と。ただこの理屈を諭し、自分の分度を定めて、自分のできる精一杯の努力を尽しただけだ。こうすれば行なわれないところはない。草木・禽獣でも行なえる道理だ。なぜなら、果物が熟して自然に落ちるのを待つ道理で、ただ我《が》の一字を取り去るだけだ。自分の畑へ自分の植えた茄子《なす》でも、我《が》でならすことはできない。理屈では決してならぬものだ。このとき理屈もやめ、我を捨て、肥《こやし》を施せば、なれと言わなくてもなり、実れと言わなくても実る。私の教えは、この道理をよく知っていなければ行なってはならない。

五三　老子の語

ある人が翁に尋ねた。「『老子』に、『道の道とすべきは常の道にあらず。云々《しかじか》』とあるのはどういう意味ですか」と。

翁はこう言われた。老子の常といっているのは、天然自然、永久不変のものをさして言っているのだ。聖人の道は人道を元とする。人道は自然に基づくといっても、自然とは異なるものだ。なぜなら、人は米麦を食料とするが、米麦は自然ではない。田畑に作らなければないものだ。その田畑というものもまた自然ではない。人の開拓によってできたものだ。その田を開拓するには、堤を築き川を堰《せ》き、溝を掘り水を上げ、畔を立てて初めて水田ができる。もと自然に基づくといっても、自然ではなくて人作《にんさ》であることが明らかだ。すべて人道はこういうものだ。ゆえに法律を立て規則を定め、礼楽といい、刑政（刑罰や政治）といい、格《きゃく》といい、式《しき》というように、わずらわしい道具を並べ立てて国家の安寧はようやく保たれるものだ。これは米を食うために、堤を築き堰《せき》を張り、溝を掘り畔を立てて田を開くのに同じだ。これを聖人の道だと尊ぶのは、米を食おうと思う米食い仲間の人のことだ。

老子がこれを見て、「道の道とすべきは常の道にあらず」と言ったのは、「川の川とすべきは常の川にあらず」というのと同じだ。堤を築き堰を張り、水門を立てて引いた川は人作の川で自然の常の川ではないから、大雨のときには、みな破れる川である。天然・自然の理を言ったのだ。理は理であるが、人道とは大いに異なる。人道は、この川は堤を築き堰を張って引いた川だから、年々歳々、普請・手入れをして、大洪水があっても破損のないようにと力を尽し、もし流失したときは、すみやかに再興して元のごとく早く修理せよというのを人道とする。もと築いた堤だから崩れるはずであり、開いた国だから荒れるはずというのは、言わずと知れたことだ。彼は自然を道とするから、それを悪いというわけではないが、人道には大害がある。つまりは、老子の道は、人は生まれたものだから死ぬのは当たり前のことだ、それを歎くのは愚かなことだというようなものだ。人道はそれと違い、他人の死を聞いても、さて気の毒なことと歎くのを道とする。まして親子・兄弟・親戚ではなおさらだ。これらの理由をもって推察すべきである。

五四　欲を以て欲を除く

翁はこう言われた。「太閤（豊臣秀吉）の陣法に、敵をもって敵を防ぎ、敵をもって敵を打つという計があるが、実に良策だろう。水防にも、水をもって水を防ぐ法がある。これを知っていなくてはいけない」そこで町田亘《わたり》がこう言った。「近ごろ富士川に雁《かりがね》堤というのを築きましたが、これはその法でございましょう」と。翁は言われた。

「それが事実なら、よく水を治める法を心得たものだ。私の仕法もまた同じなのだ。荒地は荒地の力で開き、借金は借金の費用で返済し、金を積むには金に積ませる。教えもまた同じこと、仏教では、この世はわずかの仮の宿、来世こそ大事だと教える。これもまた欲をもって欲を制するのだ。幽明世界のことは、眼に見えないから、みな想像の説だ。しかし草をもって見れば、ほぼ見えるものだ。いまここに草が一本ある。この草に向かって説法して、お前はいま草と生まれて、露を吸い肥《こやし》を吸って喜んでいるが、これはみな迷いというものだ。春風に催されて生まれ出たもので、この世は実に仮の宿だ。明朝にも秋風が吹き立てば、花も散り葉も枯れ、風雨の艱難《かんなん》をしのいで生長したのも、みな無益だ。この秋風は無常の風といい、恐るべきものだ。早く、この世は仮の宿であることを悟って、一日も早く実を結んで種となり、火にも焼けない蔵に入って安心せよ。この世で肥を吸い露を吸い、葉を出し花々が咲くのはみな迷いだ。早く種となり、草の世を捨てよ。種となれば行くところに無量のいろいろな娯楽がある。こう説くようなものだ。これは欲の制しがたいのを知って、これを制するに欲をもってして勧善懲悪の教えとしたのだ。それを末世の僧侶たちは、この教えをもって米や金を集める手段とする。悲しいことではないか」

五五　売茶の歌　門人の某は、常に好んで、

笛吹かず太鼓たたかず獅子舞《ししまい》の
　跡足になる胸の安さよ

という古歌を口ずさんでいた。翁は、「この歌は国家経綸《けいりん》の大才を抱いて、功成り名を遂げ、その業を譲ってのちに吟詠したのならば許すことができる。おまえごときが口ずさむのははなはだよろしくない。おまえごときは『笛を吹き太鼓をたたき舞う人があればこそ、不肖私も跡足となって世を経ることができます。もったいないことでございます』という意味の歌を口ずさむべきだ。さもなければ道理にあわない。人道とは、親の養育を受けて、子弟を養育し、師の教えを

受けて、子弟を教え、人の世話を受けて、人の世話をする、これが人道だ。この歌の真の意味を研究すると、その意味は人に施しをせず人からも受けないということに陥る。それだけの人でなくてこの歌を誦するのは国賊と言ってさしつかえない。『論語』（憲問篇）には、『幼にして孫弟ならず、長じて述ぶることなく、老いて死なざる』（幼年のときすなおでなく、おとなになってから他人にほめられることなく、年をとって死にもしない）をさえ賊と言っている。まして、おまえらがこの歌を誦するのは賊でなくてなんであろう。大いに道に害がある。前足になって舞う者がなければ、どうして跡足になれようか。上に文武百官があり、政道があればこそ、みな安楽に世を渡れるのだ。このように国家の恩徳に浴しながら、こういう寝言を言うのは恩を忘れたのだ。私はいまおまえのためにこの歌を詠み直してやろう。今後はこの歌を吟じなさい」と教訓された。その歌、

笛を吹き太鼓をたたきて舞えばこそ
　不肖の我も跡あしとなれ

五六　原木嘉七の事

江戸深川の原木村《はらきむら》に嘉七という者があった。海辺の寄り洲《す》を開拓して、できあがれば売り、できあがれば売り、常に開拓するのを家業としていた。土地の者は、原嘉《はらか》の親方といえば知らない者はない。その原嘉が、開拓のことについて決着しがたいことがあって翁に実地の見分を乞うた。翁は一日行って見分され、そのついでに彼の海

岸を見られたところ、開拓すべき寄り洲の四町歩・五町歩の地は数知らずあった。嘉七が言うには、

「寄り洲は自然にできるものですが、またこれを寄せる方法があります。その地形を見定めて、勢子石《せこいし》・勢子杭《せこぐい》を用いるときはすみやかに寄るものです」と。翁が、

「勢子石とはどんなものか」と聞かれると、嘉七は、

「その方法はこれこれです」と言う。翁が言われた。

「それは良法だろう」と。嘉七がまた言うには、

「まことに寄り洲は天然の賜物《たまもの》です」と。翁が、

「天然の賜物ではない。そのもとは人為によるものだ」と言われるので、嘉七は「それはどういうわけか根拠をお示しください」と言うと、翁は、

「川に堤防があるので、山々の土砂が遠くまで流れてきて寄り洲・付き洲となるのだ。川に堤防がなければ、洪水が縦横に乱流して一ヵ所に集まらないから、寄り洲も付き洲もできない。だから、そのもとは人為によるものではないか」と。嘉七が退くと、翁は左右の人を顧みて言われた。

「嘉七は才子だ。こういう大才があるというのに、いま少し志を起こして国家のためを思えば大功を立てように、開拓屋で一生を終わるのは惜しいことだ」

正兄が言う。私が佐藤信淵《のぶひろ》氏の著書をみたところ『内洋経緯記』また『勢子石用法図説』などがあった。今にして思えば、嘉七は佐藤氏の門人ではないか。『経済要録』の序に言われたこと

があるから、開いて見られたい。

五七　今切に湊を造る事

三河国吉田の郷士に高須和十郎《たかすわじゅうろう》という人があった。東海道の舞坂宿《まいさか》（現在の静岡県浜松市）と荒井宿《あらい》（現在の静岡県湖西市）の間に港をつくろうと企てて、絵図面を持ってきて、翁に成否を尋ねた。翁は言われた。あなたの説のとおりならば心配することはないようだが、大海のことは予測しがたい。往年の地震で象潟《きさがた》は変地して景色を失い、大阪の天保山は一夜でできたという。みな近年のことだ。こうした大事業は、実地に臨んでもたやすくは成否を決定しがたい。まして絵図面で決めることはなおさらである。こういう大事業を企てるときには、万一失敗したときはこうするという控堤《ひかえづつみ》（二重の堤防）のごとき工夫《く ふう》があるか、または、いかようの異変でも失敗のない工夫がほしいものだ。さもなければ、あなたのために賛成する者がともに命をおとすことがないとも言えない。そのときは、山師だという非難を受けよう。私は先年、印旛沼《いんば》の掘割り見分の命を受けたときに、いかようの変動にあっても決して失敗のないように工夫をした。たとい天変はなくても、水脈や土脈を掘り切るときは、必ず意外のことがあるものだ。古語（『中庸』）に、「事前に定《こと》まればつまずかず」（物事があらかじめ定まっていれば失敗することはない）ということがある。私が異変のあることを前提にして定めたのは、異変を恐れず、異変につまずかない仕法である。これが大事業をするにあたっての秘訣である。あなたもこの工夫がなくてはいけない。さもなければ、第一自分で安心できないだろう。古語（『論語』顔淵篇）に、「内に省《かえり》みて疚《やま》しからざれば、何をか憂えん、何をか懼《おそ》れん」（自分で反省して、良心に咎めることがなかったら、心配し、恐れることは何もないではないか）とある。だから、天変をも恐れず、地変をも憂いない方法の工夫を先にしてから大事業はするべきものだ。

五八　柏原沼開拓の事

駿河国元吉原村《もとよしわら》（現在の静岡県富士市）の某が、柏原《かしわら》（浮島沼の一部）の沼水を海岸に切り落として開拓することを出願して許可を得た。江戸からの帰路に私（福住正兄）の家に一泊して、地図や書類を出して、「願望は成就しました。よい金主はいないでしょうか」と言った。

私は「いないと思うが、考えるところがあるので、地図を明朝まで」と言って預かっておいた。このとき翁は私の家に入浴に来ていられたので、ひそかに地図を開いて、翁に事業の成否を尋ねてみた。翁が言われた。

「実地でないから可否は言えないが、説のとおりに沼が浅くて、三面が畑ならば、畑でも岡でも、つごうよい所から切り崩して埋め立てたほうがよいだろう。この水を海に切り落としても、水が思うように引くか引かないかわからない。また大風雨のときに、砂を巻き、潮《しお》をたたえないものでもないから、埋め立てがよかろう。埋め立てるのは愚かのようだが、一反埋めれば一反でき、二反埋めれば二反でき、まちがいなく、跡もどりもなく、手ちがいもなく、見込みちがいもない。埋め立てるのが上策というものだ」と。

私はまた尋ねた。「埋め立ての方法はどうでしょうか」と。翁は、「実地を見ないからいまは別に工夫はないが、小車で押すのと、牛車で引くのと二つある。車道には仮に板を敷くと、案外にはかゆくものだ。また埋立地が一反であれば、土を取った跡も二畝《せ》や三畝はできよう。一反の埋め立てに手軽なものはこれくらい、手重なものはこのぐらいはかかろう。田畑完成後の年貢免除期間を少し長く願ったならば、熟田を買うより利益が多かろう」と教えられた。このことを私の工夫にして某に告げたが、某は笑って答えなかった。

五九　日光神領の開拓法

弘化元年（一八四四）八月、その筋（幕府）から翁に、「日光神領の荒地起返《おこしかえし》方を申し付ける。見込みの趣きを取調べて、仕法書を差し出すべし」と命ぜられた。私の兄の大沢勇助は上京して、翁にお祝いを申し上げた。私もそれに随行した。翁はこう言われた。

「私の本願は、人々の心の田の荒蕪《こうぶ》を開拓して、天の授けた善種、仁・義・礼・智を培養して、善種を収穫し、また蒔きかえし蒔きかえして、国家に善種を蒔きひろめることだ。それをこのたびの命令は、土地の荒蕪の開拓であるから私の本当の願いとは違うのはおまえたちも知っているではないか。それを遠くから来て、祝いを述べるのは何故か。『御本意に背いた命令ではありますが、命であれば余儀ないこと、及ばずながら私どももお手伝い申しましょう』と言うなら喜びもしようが、さもなければ喜べない。わが道は人々の心の荒蕪を開くのを本意とする。心の荒蕪を一人が開けば、土地の荒蕪は何万町あっても心配に及ばないからだ。おまえの村のごとき、おまえの兄一人の心の開拓ができただけで、一村たちまち一新した。『大学』に『明徳を明らかにするにあり、民を新《あら》たにするにあり。至善に止まるにあり』（立派な徳性を発揮することであり、民衆に新風を吹き込むことであり、最高の境地にふみとどまることである）とある。明徳を明らかにするというのは、心の開拓を言うのだ。おまえの兄の明徳が少しばかり明らかになると、ただちに一村の人民が新たになった。『徳の流行するは置郵《ちゆう》して命を伝うるより速やかなり』（徳が流行するのは、駅伝によって命令を伝えるよりも速い。——『孟子』）とはこのことだ。帰国したならば、早く最良の方法を立てて、父祖の恩に報じなさい。これが一番大事なことだ」

六〇　小田原仕法畳置

小田原藩で、報徳仕法は良法には相違ないが、故障のかどがあって、今般は中止するという命令が出た。領内の民がこれを憂いて、翁のもとに来て歎く者があって、手作りの芋を持ってきて差し上げた。翁は諭して、こう言われた。この芋などというものは、口は腹を養い、必要なうまい野菜だから、ひろく植えて、多くの人に実りを分けようと思うのはもっともだが、天候が冬に向かい、雪や霜が降り、地が氷るようになってはどうにもならない。しいて植えれば寒さに損じ霜に痛み、種もなくなるだろう。やむを得ないことだ。これは人の口腹を養う、徳のある美物だから、寒気や雪霜をしのぐ力がないのだ。食料にもならない粗物は、かえって寒気雪霜にも痛まないものだ。これは自然の勢いで、どうにもしようのないことだ。今日は寒気雪中だ。早く芋種は土中に埋めて、藁で囲《かこ》い、深くしまって、来春の雪や霜の消えるのを待つべきだ。山谷原野一面に雪が降り水が氷り、寒さのきびしいときには、もうこれきり暖かにはならぬのではないかと思うようだが、雪が消え氷がとけて、草木の芽ばえるときも必ずあろう。そのときになって、囲っておいた芋種を取り出して植えれば、たちまちその種は田畑にひろがって繁茂することは疑いない。こういう春陽にあっても、種をしまって囲っておかなければ、植えふやすことができない。農事は春がやってきて草木が芽ばえようとするのを見て種を植え、秋風が吹きすさみ草木が枯れ落ちるときには、まだ霜雪の降らないうちに芋種は土中に埋めて、ここに埋めるという心覚えをして深く隠して来春を待つがよい。道の行なわれると行なわれないとは天である。人力をもってどうにもなしがたい。このときになっては才智も役立たず、弁舌も役立たず、勇気もまた用に立たない。芋種を土中に埋めておくことが一番である。小田原の仕法は、先君（大久保忠真）の命によって始まり、当君（大久保忠愨《ただなお》）の命によって中止された。みなこれまでのことだ。およそ天地間の万物が生滅するのは、みな天地の命令による。私に生滅するのではない。春風に万物が生じ、秋風に枯落するのも、みな天地の命令だ。私のことではない。曽子《そうし》は死に臨んで「予が手を開け。予が足を開け――」（『論語』泰伯篇）と言った。私もまた同じだ。私の日記を見よ。私の書翰の控えを見よ。「戦々兢々深淵《しんえん》に臨むがごとく、薄氷を踏むがごとし」だ。中止になって私はその思いから免れることを知ったというものだ。おまえたちは早く帰って、芋種を囲いおいて、春陽・春暖を待ってまた植えひろめるがよい。決して心得違いをするな。慎めや慎めや。

六一　信友講入札

下館《しもだて》藩に高木権兵衛という人があった。報徳信友講の結社ができて、発会のとき、投票して人選をしたが、そのとき権兵衛は、その札《ふだ》に「私は不仕合せで借金も家中第一であるが、たしかなこともまた第一である。しかし自分で自分に投票はできないから、鈴木郡助《ぐんすけ》」と書きつけて入れられた。年を経て高木氏は家老職となり、鈴木氏は代官役となった。翁はこう言われた。今になって往年の投票のことが思いあたった。自ら藩中第一のたしかなる者と書いたのに恥じず、また、これによって鈴木某と書いたのにも恥じず、まことに我意がない。無比の人物というべきだ。

六二　書物は水の如し

翁はこう言われた。大道は、たとえば水のごとくで、よく世の中を潤《うるお》して滞らないものだ。それほど尊い大道も、字に書いて書物にするときは、世の中を潤すことなく、世の中の用に立つこともない。たとえば水の氷ったようだ。もと水であることに相違はないが、少しも潤さず、水の用をなさない。書物の注釈というものは、また氷に氷柱《つらら》が下ったごとく、氷の解けてまた氷柱となったのと同じで、世の中を潤さず、水の用をなさないことはやはり同じだ。さて、この氷となった経書を世の中の用に立てるには、胸の中の温気《うんき》（暖かみ）をもってよく解かしてもとの水として用いなければ世の潤いにならず、実に無益のものだ。氷を解かすべき温気が胸中になくて、氷のままで用いて水の用をなすと思うのは愚かの至りだ。世の中に、神・儒・仏の学者があって世の中の用に立たないのはこのためだ。よく考えるべきだ。それゆえ、わが教えは実行を尊ぶ。経文といい、経書といい、その経というのは、もと機《はた》の竪糸《たていと》のことだ。されば竪糸ばかりでは用をなさぬ。横に日々の実行を織りこんで初めて役に立つものだ。横に実行を織らず、ただ竪糸ばかりでは益のないことは、説くまでもないことだ。

六三　神道は開国の道

翁はこう言われた。神道は開闢《かいびゃく》の大道であり、皇国の本源の道である。豊葦原《とよあしはら》をこのような瑞穂《みずほ》の国、平和な国と治められた大道である。この開国の道は、すなわち真の神道である。わが神道が盛んに行なわれてから後に儒教も仏教も入ってきたのだ。わが神道開闢の道がまだ盛んにならない前に儒仏の道が入ってくる道理はない。わが神道、すなわち開闢の大道がまず行なわれ、十分に事足りるようになってから、世上にむつかしいことも生じ、そのときになって初めて儒も入用、仏も入用となったのだ。これはまことに疑いもない道理だ。たとえば、まだ嫁のないときに夫婦喧嘩があるわけがない。まだ子が幼少なのに親子喧嘩があるはずはない。嫁があってのちに夫婦喧嘩があり、子が成長してのちに親子喧嘩があるのだ。このときになって初めて五倫・五常も悟道《ごどう》・治心《ちしん》（道を悟り、心を治める）も入用となるのだ。それを、世人はこの道理にくらくて、治国・治心の道をもって本源の道とする。

これは大きな誤りだ。本源の道は開闢の道であることは明らかだ。私はこの迷いをさまさせるために、

古道《ふるみち》につもる木の葉をかきわけて
天照らす神の足跡を見ん

と詠んだ。よく味わってもらいたい。大御神《おおみかみ》の足跡のあるところがすなわち神道である。世に神道といっているのは神主の道で神の道ではない。はなはだしきに至っては、巫祝《ふしゆく》（神事を司る者）の輩《ともがら》が神礼をくばって朱銭を乞うのをも神道者というようになった。神道というものは、どうしてこのように卑しいものであろうか。よく考えて見よ。

六四　神の道神主の道

綾部《あやべ》の城主九鬼《くき》侯が、御所蔵の神道の書物十巻を、「これを見よ」と言って翁におくられた。翁はひまがなかったので二年間も封を解かれなかったが、ある日翁は少し病気であった。私（福住正兄）にこの書物を開かせ、病床でお読ませになった。翁はこう言われた。この書にあることは、みな神に仕える者の道で、神の道ではない。こういう書物が万巻あっても国家の用には立たない。いったい神道というものは、国家のため今日では用がないものだろうか。『中庸』にも、「道は須臾《しばらく》も離るべからず、離るべきは道にあらず」（道は少しの間も離れることのできないものである。もし離れることができるものならば、それは道というべきものではない）と言っている。世間で道を説いている書籍は、多くはこの類である。

この類の書があっても益はなく、なくても損はない。私の歌に、

古道につもる木の葉をかきわけて
天照らす神の足跡を見ん

と詠んだ。「古道」とは皇国固有の大道をいう。「つもる木の葉」とは儒仏をはじめ諸子百家の書籍の多いことをいう。皇国固有の大道は、いま現に存在するが、儒仏・諸子百家の書籍の木の葉におおわれて見えないから、これを見るためには、この木の葉のごとき書籍をかきわけて、大御神の足跡がどこにあるかとたずねなければ真の神道は見ることができないのだ。おまえたちが落ち積もった木の葉に目をつけるのは大きな間違いだ。落ち積もった木の葉をかきわけ捨てて大道を得ることに勤めなさい。さもなければ、真の大道は決して得ることはできないのだ。

六五　光明偏照の事

翁はこう言われた。仏書に「光明偏照《こうみようへんじよう》十方《じつぽう》世界、念仏衆生《ねんぶつしゆじよう》摂取不捨《せつしゆふしや》」といっている。光明とは太陽の光をいう。十方とは東西南北乾《いぬい》坤《ひつじ》巽《たつみ》艮《うしとら》の八方に天地を加えて十方というのだ。念仏衆生とは、この太陽の徳を念じ慕う一切の生物をいう。天地間に生育するもの、有情蠢動《うじようしゆんどう》の動物はもちろん、無情の草木であっても、みな太陽の徳を慕って、生々を念としている。この念のあるものを、仏国だから念仏衆生《ねんぶつしゆじよう》というのだ。神国では念神衆生と読めばよい。ゆえにこの念のあるものは一つ残らず生育を遂げさせて捨てられることがないということで、太陽の大徳を述べたものである。すなわち天照大神のことだ。こ

のように太陽の徳は広大であるが、芽を出そうとする信念、育とうとする気力のないものは仕方がない。芽を出そうとする信念、育とうとする生気のあるものならば、みな芽を出させ、お育てになられる、これが太陽の大徳だ。わが無利息金貸付の法[1]は、この太陽の徳にかたどって立てたものだ。それゆえ、どんな大借でも、人情を失わずに利息をとどこおりなく返済している者、また是非とも全部返済して他に損失をかけまいという信念のある者は、たとえば芽を出したい、育ちたいという生気のある草木に同じだから、この無利息金を貸して引き立ててやるべきだ。無利子の金であっても、人情がなく利子も返さず、元金をも踏み倒そうとする者は、すでに生気のなくなった草木に同じだ。これはいわゆる縁なき衆生で、どうにもすることができない。捨ておくよりほかに道はない。

六六　色即是空の事

ある人が問うて「仏教に色《しき》即《そく》是《ぜ》空《くう》空《くう》即《そく》是《ぜ》色《しき》といっているのはどういう意味でしょうか」と言った。翁はこう言われた。たとえば二一天作《てんさく》の五、二五十というのと同じだ。ただ、その言いかたが妙なだけだ。深い意味があるように聞こえるが、別に深い意味があるのではない。天地間の万物で、眼に見えるものを色《しき》といい、眼に見えないものを空《くう》といったのだ。空といえば何もないように思うが、すでに気がある。気があるからただちに色をあらわすのだ。たとえば氷と水のようなものだ。氷は寒気によって結び、暖気によって解ける。水は寒気によって死んで氷となり、氷は暖気によって死んでもとの水に帰る。生ずれば滅し、滅すれば生ずる。だから有常も有常ではなく、無常も無常ではない。この道理を色即是空空即是色と説いたのだ。

六七　一切経を覆う一言

翁が僧弁算に問われた。「仏一代の説法は計りしれないものでしょう。しかし別々の違った意味があってはなりますまい。もし一切経蔵に題するときには、どう書けばよいでしょう」弁算は答えて、「経に、諸悪莫作《しよあくまくさ》、衆善奉行《しゆぜんぶぎよう》（いろいろな悪をなしてはならない、いろいろな善を行なえ）といっていますが、この二句で一切経全部を示すことができましょう」と言われた。翁は「そうでありましょう」と言われた。

六八　極楽世界の事

翁はこう言われた。仏教で、極楽世界のことを説いて、「赤色《しやくしき》に赤光《しやくこう》あり、青色《せいしき》には青光あり」といっている。極楽といっても珍しいことがあるわけではない。人々が銘々、自分の家株田畑は自分に作徳があり、自分の商売職業は自分に利益があり、自分の家屋敷は自分に安宅となり、自分の家財は自分自身に役立ち、自分の親兄弟は自分に親しく、自分の妻子は自分自身に楽しく、また田畑は美しく米麦百穀を産出し、山林は繁茂して良材を出す。これを「赤色には赤光あり、青色には青光あり」というのだ。このようになれば、この地がすなわち極楽だ。この極楽を得る道は、各人が受けた天禄《てんろく》の分内を守ることにある。もし一度天禄の分度を失うと、自分の家株田畑は自分の作徳にならず、自分の商売職業は自分の利益とならず、自分が安住すべき家屋敷も自分の安宅とならず、自分の家財は自分自身に役立たず、自分の妻子親族も自分自身に楽しみとならず、また田畑は荒れて米麦を生ぜず、山林は藤蔦《ふじつた》にまとわれ野火に焼けて材木を出さない。これを「赤色には赤光なく、青色には青光なし」という。苦患《くげん》これより大なるはない。いわゆる地獄だ。餓鬼界に落ちた者は、飢えて食おうとすれば、食物はたちまちに火となり、渇して飲もうとすれば、水はただちに火となるという。これすなわち、人々が天より賜わり、父祖より受け伝えた天禄を、利息に取られ、賄賂に費やして、自分の衣食にも不足するのと変わることはない。これは最大の苦患ではないか。私の仕法は、経を読まず、念仏も題目も唱えないで、この苦罪を消滅させて極楽を得させ、青色に青光あらしめ、赤色に赤光あらしめる大道である。

六九　一草窮理説

翁はこう言われた。世界万般みな同じく一理だ。私は一草をもって万理を究めることができる。儒書（朱子『中庸章句』）に、「その書、始めは一理を言い、中は散じて万事となり、末はまた合して一理となる。これを放てばすなわち六合《りくごう》（宇宙）にわたり、これを巻けば退いて密《ひそ》かに蔵《かく》る。その味わい窮《きわま》りなし」（この書、初めは一理を言い、中ごろはこれを分散して三達徳・五達道・九経などの万事に説きおよび、末は合して一理に帰納する。この書にあることを推し広めていけばあまねく宇宙に満ち満ち、これを巻いてしまい込めば、きわめて微妙な心の中に退きかくれるものであって、その味はきわまり尽きることがない）とある。今たわむれに一草をもって読みかえてみよう。「この草、始めは一種なり。蒔けば発して根葉となり、実れば合して一種となる。これを蒔き植えれば六合にわたり、これを蔵《おさ》むれば密かに蔵《かく》る。これを食すればその味わい窮りなし」また仏語に、「本来東西なし。いずれの処に南北ある。迷うがゆえに三界城《さんかいじょう》、悟るがゆえに十方空《くう》」とある。また一草でこれを読んでみよう。「本来根葉なし、いずれの処に根葉ある。植うるがゆえに根葉の草、実るがゆえに根葉空し」と言って笑われた。

七〇　悟道と人道

ある人が道を論じたが筋道が立たない。翁はこう言われた。あなたの説は悟道と人道とを混同している。悟道をもって論ずるか、人道をもって論ずるか、悟道は人道に混じてはいけない。なぜなら、人道に是《ぜ》とするところは、悟道ではいわゆる三界城で迷いであり、悟道を主張すれば人道はないがしろになる。その差は天地と雲泥のごとくだ。ゆえにまずその立場を定めてから論ずべきだ。立場が定まらなければ、目のない秤《はかり》で目方をはかるようなもので、一日中弁論しても、その当否はわからない。いったい悟道というのは、たとえば、今年は不作だろうと、まだ耕作にかかる前に観念してしまうようなものだ。これを人道に用いて、不作だから耕作を休もうというのは人道ではない。田畑は開拓しても、また荒れるのは自然の道だと見るのは悟道である。そして荒れるからといって開拓しないのは人道ではない。川に接した田畑は、洪水があれば流失するということを、ふだんの日に知っているのは悟道である。そして耕さず肥料もやらないのは人道ではない。悟道はただ自然の行くところを見るだけで、人道は行きあたるところまで行くべきものだ。

古語（『論語』里仁篇）に、「父母につかえる、幾《ようや》く諫む。志のしたがわざるをみて、敬してたがわず、労して恨みず」（父母におつかえしていて、誤りを見つけたときには、まず遠まわしに諫言せよ。諫めをとりあげられないときは、つつしんで父の志に違背しないようにし、心の中では憂慮していても、恨みを抱いてはならない）といっている。これは人道の極致をつくしている。発句に、

いざさらば雪見にころぶ所まで

といっているのも、またその心だ。それゆえ私は常に言っているのだ。親の看病をして、もはやおぼつかないなどと見るものは、親子の至情をつくすことができまい。魂が去り、からだがひえてのちも、まだ全快しはしないかと思う者でなければ、つくしたとは言えない。それゆえ、悟道と人道とは混合してはいけない。悟道はただ自然の行くところを眺めるもので、そのうえで勤める立場が人道にあるのだ。いったい、人倫の道とするところは、仏でいう三界城内のことである。十方空を唱えていれば人道は滅びるだろう。知識ある人を尊び、娼妓をいやしむのは迷いであるが、このように迷わなければ人倫は行なわれない。迷うからこそ人倫は立つのだ。ゆえに悟道は人倫に益がない。とは言っても、悟道でなければ執着を脱することができない。これが悟道の妙だ。

人倫はたとえてみれば、縄をなうようなもので、よくよりがかかるのをよいとする。悟道はよりをもどすようなものだから、よりをもどすことをもって善とする。人倫は家を造ることだ。だ

から丸木を削って角材とし、曲がったのを真直にし、長いのを切って短くし、短いのをついで長くし、穴をあけて溝を掘り、そして家作をする。これはすなわち迷いであるから仏教の三界城内の仕事である。それを、本来ない家だと破るのは悟道だ。破って捨てるから、十方空に帰するのだ。だが、迷いといい、悟りというのは、まだ徹底しない。その本源をきわめれば、迷いも悟りもともにない。迷いといえば悟りといわなければならず、悟りといえば迷いといわなければならない。本来、迷いも悟りも一体だ。たとえば草木のごときは、一粒の種から、あるいは根を生じて土中の潤いを吸い、あるいは枝葉を発して大空の空気を吸って、花を開き実を結ぶ。これを種からみれば迷いといえよう。だが、秋風にあえば枯れ果てて本来の種にかえる。種に帰っても、また春の暖かい日ざしにあえば、たちまち枝葉花実を発生する。それならば、すなわち種となったのが迷いか、草となったのが迷いか、草になったのが本体か、種になったのが本体か。このことによってこれを考えると、生ずるというのも生ずるのではなく、枯れるというのも枯れるのではない。だから、無常も無常ではなく、有常も有常ではない。みな動いてやむことのない世界に存するものだからだ。私の歌に、

咲けば散り散ればまた咲く年ごとに
ながめつくせぬ花のいろいろ

一笑々々。

七一　俗儒の失行

俗な儒者があって、翁の愛護を受けて儒学を子弟に教えていた。ある日、近村に行って大酒を飲み、酔って道ばたに寝て、醜体をきわめた。弟子の某氏の子がこれを見て、翌日から教えを受けなくなった。儒者は怒って、翁に、「私の行ないが悪いのを見て、いっしょに聖人の道を捨てるという理由はありません。どうかあなたから説諭して、また勉強に来るようにしてください」と願った。翁は言われた。「そう怒らないがよい。私がたとえをもって解説しよう。ここに米があって、飯にたいて糞桶《くそおけ》に入れたら、あなたはそれを食べますか。もとは清浄な米飯には違いない。ただ糞桶に入れただけだ。しかし、これを食べる者はいない。食うのは犬だけだ。あなたの学問もこれと同じだ。もとは立派な聖人の道ではあるが、あなたが糞桶の口から講説するから子弟たちは聴かないのだ。聴かないのが理にあわないと言えようか。あなたは中国の産だと聞いている。だれに頼まれてここへ来たのか。また何の用事で来たのか。いったい家を出ないで教えを国中にひろめるのが聖人の道だ。今ここへ来て私の食客になっている。それは何のためか。食べるだけならば農商をやれば十分だ。あなたは何故に学問をしたのか」儒者は、「私は間違っていました。私はただ人に勝つことばかりを望んで読書をしていたのです。私は間違っていました」と言って、感謝して帰って行った。

七二　曽点の事

ある人が、『論語』の曽点の章①の意味を尋ねた。翁はこう言われた。この章はさほどむつかしいわけではあるまい。子路《しろ》や冉有《ぜんゆう》・公西華《こうせいか》の三人の抱負があまりに理屈っぽかったので、孔子は「私も曽点の言うことに賛成だ」と一転しただけのことだろう。三人が曽点と同じように、「舞を舞わせて、歌を吟じて帰ろう」と言ったなら、孔子はまた一転して、費用を節約して人を愛し、民を使うには時節を考えてするとか、言は忠信、行は篤敬などと言ったことだろう。別に深い意味があるわけではない。たわむれて言ったというものだろう。

七三　売卜の看板

翁は、占《うらな》い師の看板に日と月とを描いてあるのを見て、こう言われた。かれが看板に日月を描いたのと、仏寺で金箔《きんぱく》の仏像を安置するのとは同じ思いつきだが、仏寺はきわめて巧みであり、占い師は非常に稚拙《ちせつ》である。日は丸く赤く、三日月は細く白い。それをそのままに描いたのは、正直ではあるが、おろかでもあれば拙劣でもあるから、尊さがない。ところが僧侶はこれを人体に写し、もっとも人の尊ぶ黄金の光をかりて尊さを示している。仏氏の工夫の巧妙なことは、占い師などの遠く及ぶところではない。

七四　正兄、帰国の諭

私（福住正兄）が翁に暇を乞うて帰国しようとしたとき、翁はこう言われた。二、三男に生まれた者が他家の相続人になるのは天命だ。その身の天命によって養家に行き、養家の身代を多少なりとも増したいと願うのは人情で、だれにもわかる常の道理だ。このほかにもう一つ、見えにくい道理がある。他家を相続すべき道理があって他家へ行く。行くときは、その家に勤めるべき仕事がある。これを勤めるのは天命で当たりまえのことだ。さてその上にまた一段と骨を折り、いっそう心を尽して、養父母が安心するように、祖父母の気に背かないように心を用い力を尽すならば、養家の方では、気が安まるとか、よく行き届くとか、祖父母や父母の心に安心するところができて、養父母の歓心を得る。これは養子たる者の積徳の初めと言うべきものだ。

いったい、親を養うのは子たるものの常で、かたくなな人であろうと野人であろうと養わない者はない。その養ううちに、少しでもよく父母の安心するように、気に入るようにと心力を尽せば、父母は安心して、万事をまかせるようになる。これは、その身にとってこの上もない徳だ。養子たる者の積徳の報いといえる。この理屈が凡人には見えにくい。これを農業の上にたとえれば、米麦・雑穀何でも施肥は二度し、草は三度取るとか、およそのきまりがあるが、そのほかに一度でも多く肥料を運び、草を取り、一途《ず》に作物の生育だけを願い、作物のために尽せば、その培養によって作物は思うままに生育するものだ。そして秋の実りのときになれば、願わずとも収穫の俵数が多く、知らず知らずのうちにおのずから家を潤すことは疑いがない。この理は、人々が家産を増殖したいと思うのと同じ道理であるが、心ある者でなければ解しがたい。これがいわゆる難解《なんげ》の理というものだ。

七五　正兄、帰国の諭

翁はまたこう言われた。茶師千利休の歌に、

寒熱の地獄に通う茶柄杓《ちゃびしゃく》も
心なければ苦しみもなし

とある。この歌はまだよく言い尽していない。なぜなら、その心は無心を尊ぶというが、人は無心だけでは国家の用をしない。いったい心とは我心《がしん》のことだ。ただ我を去っただけではまだ足りない。我を去ってその上に一心を定めて、少しも心を動かさないようにならなければ尊ぶに足りない。そこで私は常に言っているのだ。この歌はまだ不十分だ、と。いま試みに詠みなおして、

茶柄杓のように心を定めなば
湯水の中も苦しみはなし

とすればよかろうか。

いったい人は一心を定めて動かさないのを尊ぶのだ。富貴・安逸を好み、貧賤・勤労を厭《いと》うのは人情の常だ。聟嫁たる者が養家にいるのは、夏に火宅におり、冬に寒野に出るように、また実家に来るときは、夏氷室《ひむろ》に入るように、冬火宅に寄るように思うものだ。このとき、その身に天命のあることをわきまえ、天命に安んずべき理を悟り、養家はわが家だと定めて、心を動かさないこと不動尊のごとく、猛火が背を焼いても動くまいと決定《けつじょう》し、養家のために心力を尽すときは、実家へ来ようとしても、そのいとまがないだろう。このように励めば、心力勤労も苦にはならな

いものだ。これはただ、我を去るのと一心の覚悟を定めて徹底するのにある。農夫が暑寒に畑を耕し、風雨に山野を奔走するのも、車夫が車を押し、米搗《つ》きが米を搗くのも、他人が慈《いつく》しみの眼で見れば、その労苦はいいようもなく、気の毒の至りだが、その身にとっては、前々から決定して労働に安んずるものだから苦には思わぬものだ。武士が戦場に出て野に伏し山に伏し、主君の馬前に命を捨てるのも、一心決定すればこそできるのだ。されば、人は天命をわきまえ、天命に安んじて、我を去って一心決定して動かないのを尊いものとするのだ。

七六　正兄、帰国の論

翁はまたこう言われた。『論語』（衛霊公篇）に大舜《たいしゅん》の政治を論じて、「己《おのれ》を恭《うやうや》しくして正しく南面するのみ」（自分の身を謙虚に保ち、帝位についていられただけなのだ）とある。おまえ（正兄）が国に帰って温泉宿を渡世としたならば、また「己を恭しくして正しく温泉宿をするのみ」と読んで、生涯忘れるな。こうすれば利益も多かろう、こうすれば利徳があろうなどと、世の流弊に流れて、本業の本理を誤ってはいけない。「己を恭しくする」というのは、自分の身の品行を謹《つつし》んで堕《お》とさないことをいうのだ。そのうえにまた業務の本理を誤らず、正しく温泉宿をするだけと決心して肝に銘じておけ。この道理は人々みな同じだ。農家は自分を恭しくして、正しく農業をするだけ、商家は自分を恭しくして、正しく商法をするだけ、職人は自分を恭しくして、正しく工事をするだけ、旅籠《はたご》屋をするだけだ。このようであれば必ず過ちがない。いったい「南面するのみ」とは、国政一途に心を傾けて、ほかのことを思わず、ほかのことをしないことをいうのだ。ただ南を向いて坐っているということではない。この原理は深遠だ。よくよく思考して心得よ。身を修めるのも、家をととのえるのも、国を治めるのも、この一つにある。忘れてはいけない、怠ってはいけない。

七七　欹器図説

山内董正《ただまさ》氏の所蔵物に、一幅《ふく》がある。翁は見てこう言われた。

「この図もこの説もおもしろいが、満の字の説が明らかでない。かつ満を持するの説もまた十分ではない。『論語』や『中庸』の語気とは少し違っているように思える。何の書にあるのだろうか」門人が言うには、「どうか満の字の説と、満を持する法をお聞かせ願えませんでしょうか」と。翁は言われた。「いったい世の中で、何を押えて満と言えばよいのか。百石を満といえば、五百石・八百石があり、千石を満といえば五千石・七千石があり、万石を満といえば五十万石・百万石がある。だからどのくらいを押えて満と定められようか。これが世人のまどうところだ。およそ書物にあるところは、みなこのように言うべくして実際には行ないがたいことばかりだ。だから私は人に教えるのに、百石の者は五十石、千石の者は五百石、すべてその半分で生活を立て、その半ばは譲るがよいと教える。分限によって、その中《ちゅう》とするところがそれぞれ異なるからだ。『これ允《まこと》にその中を執れ』というのに基づいているのだ。こうならば、一つ一つが明白で、迷いがなく疑いがない。このように教えなければ用に立たないのだ。私の教えでは、これを推譲《すいじょう》の道という。すなわち人道の最高道徳だ。『ここに中なれば正し』というのにかなっている。そして、この推譲に順序がある。今年の物を来年に譲るのも譲だ。すなわち貯蓄をいう。子孫に譲るのも譲だ。すなわち家産増殖をいう。その他、親類にも朋友にも譲らなければならず、村里にも譲らなければならず、国家にも譲らなければならない。資産ある者はしっかりと分度を定め、法を立ててよく譲るべきだ」

七八　貧富驕倹論

翁はまたこう言われた。世間の人は、口では貧富・驕倹《きょうけん》ということを言うが、何を貧といい、何を富といい、何を驕といい、何を倹というか、その理が明瞭ではない。天下には、もとより大も限りがなければ、小も限りがない。十石の者を貧といえば無禄の者があり、十石を富といえば百石の者がある。百石を貧といえば五十石の者があり、百石を富といえば千石も万石の者もある。千石を大と思えば、世間の人は小旗本という。万石を大と思えば、世人は小大名という。さらば何をもとに貧富・大小を論じよう。たとえば売買のごときだ。物と価とを比べてこそ安値と高値とを論ずることもできるが、物だけでは高下を言うことができない。価のみでもまた高下を論ずることができないのと同じだ。これは世人が間違えるところだから、今これを明瞭に言おう。千石の村で戸数が百戸ならば、一戸十石にあたる。これは自然の数である。これは貧でもなく富でもなく、大でもなく小でもなく、どちらにもかたよらず中《ちゆう》と言える。この中に足りないのを貧といい、この中を越えるのを富という。この十石の家が九石で暮らすのを倹といい、十一石で暮らすのを驕奢《きようしや》という。それゆえ私は常に言っているのだ。中は増減の源、大小二つの名の生ずるところだ、と。だから、貧富は一村々々の石高の平均度をもって定め、驕倹は一人々々の分限をもって論ずべきだ。その分限によっては、朝夕うまい料理を食べ美しい着物を着、豪華な邸宅に住んでも奢りではない。分限によっては米飯も奢りであり、茶も煙草も奢りだ。みだりに驕倹を論じてはならない。

七九　推譲論

ある人が翁に尋ねた。「推譲の論はまだよく理解できません。一石の身代の者は五斗で暮らして五斗を譲り、十石の者は五石で暮らして五石を譲るというのは実行ができないと思いますが、いかがですか」

翁は言われた。「譲は人道だ。今日の物を明日に譲り、今年の物を来年に譲る道を勤めない者は人にして人ではない。十銭取って十銭使い、二十銭取って二十銭使い、宵越しの金を持たないというのは鳥獣の道で、人道ではない。鳥獣には今日の物を明日に譲り、今年の物を来年に譲るという道はない。人はそうではない。今日の物を明日に譲り、今年の物を来年に譲り、そのうえ子孫に譲り、他人に譲るという道がある。雇人となって給金を取り、その半分を使って、半分は将来のために譲り、あるいは田畑を買い、家を建て、蔵を建てるのは子孫へ譲るためだ。これは世間の人が知らず知らずに行なっているところで、これがすなわち譲道だ。だから一石の者が五斗を譲ることはできがたいことではあるまい。なぜならば、自分のための譲だからだ。この譲は教えなくてもできやすい。これより上の譲は教えによらなければできがたい。

これより上の譲とは何か。親類・朋友のために譲るのだ。郷里のために譲るのだ。もっとできがたいのは国家のために譲ることだ。この譲もつまるところは、わが富貴を維持するためであるが、眼前に他に譲るからできがたいのだ。家に財産のある者はつとめて家法を定めて推譲を行なえ」と。

ある人はさらに尋ねた。「譲は富者の道であります。千石の村で戸数が百あれば、一戸は十石です。先生の説では、これは貧でもなく富でもない家ですから譲らなくてもその分を守っていることになります。十一石になれば富者の分に入りますから、十石五斗を分度と定めて五斗を譲り、二十石の者は同じく五石を譲り、三十石の者は十石を譲ることと定めたらいかがでしょうか」

翁は言われた。「よいだろう。しかし譲りの道は人道だ。人と生まれた者に、譲りの道がなければならないのは言うまでもないが、人により家により、老幼の多い家、病人のある家、厄介者のある家もあるから、家ごとに法を立てて、きびしく行なえといっても行なわれるものではない。ただ富者によく教え、有志者によく勧めて行なわせるがよい。そして、この道を勧める者には富貴・栄誉がついて来、この道を勧めない者からは富貴・栄誉がすべて去る。少し行なえば少しついて来、大いに行なえば大いにつく。私の言うことは必ず間違いではない。世の富者によく教えたいのはこの譲道だ。ひとり富者だけではない。また金穀《きんこく》だけでもない。道も譲らなければならない。田の畔《あぜ》も譲らなければならない。言も譲らなければならない。功も譲らなければならない。みなよく勤めなさい」

八〇　止る処を知る

翁はこう言われた。世間で、富貴を求めて止《とど》まることを知らないのは凡俗の人の共通病だ。そのため富貴を長く保つことができない。いったい止まるところとは何か。それを言うなら、日本は日本の人の止まるところだ。だからこの国は、この国の人の止まるところ、その村はその村の人の止まるところだ。だから千石の村も五百石の村もまた同じだ。海辺の村も山谷の村もみなそうだ。千石の村で家が百戸あれば、一戸は十石にあたる。これが天命で、まさに止まるべきところだ。それを先祖の恩恵で百石も二百石も持っているのはありがたいことではないか。それにもかかわらず、止まるところを知らず、際限もなく田畑を買い求めようと願うのは、もっともあさましいことだ。たとえば山の頂上に登って、なお登ろうと思うようなものだ。自分が絶頂にあって、なお下を見ないで、上ばかり見るのはあぶない。絶頂にいて下を見れば、みな眼の下にある。眼の下の者は憐れむべく恵むべき道理がある。それほどの天命を有する富者でありながら、なお自己の利益だけを求めるならば、下の者も利益をむさぼらないではいられない。もし上下たがいに利を争ったならば、あくまで奪い取るようになることは疑いない。これが禍の起きる原因だ。恐ろしいことだ。また、海辺に生まれて山林をうらやみ、山家に住んで漁業をうらやむなどは、もっとも愚かなことだ。海には海の利があり、山には山の利がある。天命に安んじてその外のことを望むな。

八一　矢野某を諭す

矢野定直《さだなお》が来て、「私は今日は思いもよらず結構な仰せをこうむりまして、まことにありがとうございました」と言った。翁が言われた。「あなたの今の一言を、生涯一日も忘れないなら、ますます富貴となり繁栄することは疑いない。あなたが今日の心をもって分度と定めて土台とし、この土台を踏みちがえないで生涯を終わったならば、仁であり、忠であり、孝であり、その完成するところは計りしれない。およそ人々が仕事をなし終えてからたちまちに過《あやま》るのは、運よく仰せつけられたものを当たりまえのことにして、その幸運を土台として事を行なうからだ。その初めの違いは末になって千里の違いになることは確かだ。人々の身代もまた同じことだ。分限の予定外に入るものを、分内に入れないで別に貯えておけば、臨時の物入り、不慮の入用などにさしつかえるということはないものだ。また売買の道も、分外の利益は分外として、分内に入れなければ、分外の損失はなかろう。分外の損というのは、分外の利益を分内に入れるからである。それゆえ、私の道が、分度を定めるのを根本とするのはこのためだ。分度がひとたび定まれば、その余りを施す功徳は苦労しなくてもできるだろう。あなたが、『今日は思いもよらず結構な仰せを受け、ありがたい』と言われた一言を生涯忘れないように。これは私があなたのために心から願うところである」

八二　藩老の事

翁はこう言われた。某藩の某氏が家老であったとき、私は礼譲・謙遜をすすめたが用いられなかった。のちに家老職をやめさせられた。今は困苦はなはだしく、一日々々をしのぎかねている。某氏は、某藩の衰廃・危難のときに功績があった人だが、今このように窮乏している。これはただ、登用されたときに、自分の分限を知り、それに従わなかった過ちからおきたのだ。官威が盛んで富有が思うままになるときには礼譲・謙遜を尽し、官職を退いてのちは遊楽・驕奢に暮らしても害がない。そのときは一点の非難もなく、人もその官職をねたまない。その官職に進んだときに勤苦し、退いて遊楽するのは、昼に勤めて夜は休息するようなものである。昇進したときに富有にまかせて遊楽・驕奢にふけり、退いて節倹を守るのは、たとえば昼に休息して夜になって勤苦するようなものだ。昇進したときに遊楽すれば、うらやまない者はなく、ねたまない人はいない。雲助が重い荷を負うのは酒食をほしいままにするためだ。遊楽・驕奢をするために国の重職にいるのは、雲助らのするところと大して違わない。重職にいる者が雲助のすることと同じでは、長い平安を保つことができるはずがない。退けられたのは当然で、不幸ではない。

八三　好む処に過つ事

翁はまた言われた。世に忠諫《ちゆうかん》というものは、たいていは、主君の好むところにしたがってうまいことを言い、忠言に似て、実はへつらいで、自分が寵愛を得ようとする目的だから、主君をそこなう者が多い。主君たる者は、よくそこを察して、はっきりと見きわめなければいけない。ある藩の家老の某氏は、かつて植木を好んで多く持っていた。ある人がその家老に向かって、

「何某の父は植木が好きで多く植えておきましたが、その子は漁猟ばかりを好んで植木を大事にしないで、すでに抜き取って、捨てようとしましたので、私が惜しんで止めました」と、雑談のついでにちょっと話した。某氏はこれを聞いて、

「何某ははなはだ無情なものだ。樹木を植えておいても何の害もない。それを抜いて捨てるとはいかにも惜しいことだ。かれが捨てたら、わしが拾おう。おまえがよろしく計らえ」と、ついに自分の庭に移した。


これは話をした者がその家老に取り入るための計略で、その家老はその謀計におとしいれられたのである。そして家老は、その話をもってきた者を忠なる者、信なる者と誉めた。万事こういうわけだから、節義の人も思わず知らず不義におちいるものだ。興国・安民の法に従事する者は恐れつつしまなければならない。

八四　賄賂恐るべし

翁はこう言われた。大昔は、交際の道でたがいに信義を通ずるには、心をつくし身体《からだ》を使って交りを結んだのだ。なぜなら金銀貨幣が少なかったからだ。後世、金銀の通用が盛んになってからは、交際上の音信・贈答にみな金銀を用いるので、通信は自在となり便利至極となった。これより賄賂《わいろ》ということが起こり、礼を行なうといい、

信を通ずるといい、ついには賄賂におちいり、そのために正・不正も明らかにならず、法律は正しく行なわれず、信義はすたれて賄賂が盛んになり、万事賄賂でなければ解決しなくなった。私が初めて桜町に行ったとき、かの地の、よくない民は争って私に賄賂をした。私は塵さえ受けつけなかったが、それから善悪・邪正がはっきりして、かくれていた信義・貞実の者が初めてあらわれた。もっとも恐るべきはこの賄賂である。おまえたちも、誓ってこのものに汚されるな。

八五　中村藩士を諭す

伊藤発身《はつみ》・斎藤高行《たかゆき》・斎藤松蔵《まつぞう》・紺野織衛《こんのおりえ》・荒専八《あらせんぱち》らが翁のかたわらに坐っていた。みな中村（相馬）藩士である。翁は諭して言われた。草を刈ろうという者は、草に相談する必要はない。自分の鎌《かま》をよく研《と》ぐがよい。髭《ひげ》を剃ろうという者は、髭に相談はいらない。自分の剃刀《かみそり》をよく研げばよい。砥石《といし》にかけて刃のつかない刃物が、しまっておいて刃のついたためしはない。古語（『孝経』）に、「教うるに孝をもってするは、天下の人の父たる者を敬する所以《ゆえん》なり。教うるに悌《てい》をもってするは天下の人の兄たる者を敬する所以なり」（孝を教えるのは、天下の子が父たる者を敬うためである。悌を教えるのは、天下の弟が兄たる者を敬うためである）と言っている。鋸《のこぎり》の目を立てることを教えるのは、天下の木たるものを伐《き》るためだ。鎌の刃を研ぐことを教えるのは、天下の草たるものを刈るためだ。鋸の目をよく立てれば、天下に伐れない木はなく、鎌の刃をよく研げば、天下に刈れない草はない。それゆえ、鋸の目をよく立てれば、天下の木は伐れたも同じ、鎌の刃をよくとげば、天下の草は刈れたのも同じだ。秤《はかり》があれば天下の物の軽重の知れないことはなく、升《ます》があれば天下の物の数量の知れないことはない。だから、私の教えの根本の、分度を定めることを知れば、天下の荒地はみな開拓ができたと同じであり、天下の借財はみな返済したのと同じだ。これは富国の基本だからである。私は先年貴藩のためにこの基本をしっかりと定めておいた。よく守れば、成功することは疑いない。あなたがたはよく学んで、よく勤められたい。

八六　富貴天に有りの弁

翁はまた言われた。ここに物があって、これを売ろうと思えば、かざらないわけにはいかない。たとえば芋・大根のようなものでも、売ろうとすれば、根を洗い、枯葉を除き、たんぼにあるときとは、そのかたちを異にする。これは売ろうと思うからだ。あなたがたは、この道を学んでも、この道で世に用いられ、立身しようと思ってはいけない。世に用いられようとし、立身出世を願うときは、本当の意味を誤り、いちばん大切なものを失うことになり、そのためにあやまりを犯した者がすでに数名いるのは、あなたがたの知っているとおりだ。ただよくこの道を学んで習得して、みずからよく勤めれば、富貴は天から来るものである。決して他に求めてはならない。さて、古語（『論語』顔淵篇）に「富貴天にあり」とあるのを誤解して、寝ていても富貴が天より来るものと思う者があるが、これは大きな心得違いである。「富貴天にあり」とは、自分の行為が天理にかなうときには、求めなくても富貴の来ることを言うのである。誤解してはいけない。天理にかなうとは、一瞬の休みもなく、天道が循環するように、日月が運動するように、勤めてやまないことを言うのである。

八七　道の書多くして真なし

翁はこう言われた。世の中に道を説いた書物は数えきれないほどだが、一つとして、癖がなくて完全なものはないのだ。なぜなら、釈迦も孔子もみな人だからである。経書といい、経文といっても、みな人の書いたものだからである。だから私は不書の経、すなわち物を言わないで四時が行なわれ、万物が生ずるところの天地の経文に引きあてて、それに違っていないものをとり、違っているものはとらない。だから私の説くところは決して間違わない。灯火の皿に油があれば火は消えないものと知れ。火が消えたならば油が尽きたことと知れ。大海に水があれば、地球も日輪も変動ないことと知れ。もし大海の水が尽きることがあれば世界もそれまでだ。地球も日輪も散乱しよう。そのときまでは決して違《たが》うことのないわが大道である。わが道は、天地をもって経文とするから、日輪に光明のあるうちは行なわれないことはなく、違うことはない大道である。

八八　家を船とする弁

翁はこう言われた。家屋のことを、俗に家船《やぶね》または家台船《やたいぶね》という。おもしろい俗語だ。実際、家を船と心得ればよい。これを船とするときは、主人は船頭であり、一家の者はみな乗合である。世の中は大海だ。そうだとすれば、この家船に事が起きても、また世の大海に事があっても、みな逃れられないことで、船頭はもちろん、この船に乗り合わせた者は一心協力、この家船を維持しなければならない。さてこの家船を維持するには、楫《かじ》の取りようと、船に穴のあかないようにすることの二つが専務だ。この二つによく気をつければ、家船の維持は疑いない。ところが、楫の取りようにも心を用いず、家船の底に穴があいてもふさごうともせず、主人は働かないで酒を飲み、妻は遊芸を楽しみ、せがれは碁・将棋にふけり、二男は詩をつくり歌をよみ、安閑として歳月を送り、ついに家船を沈没させてしまう。歎かわしいことではないか。たとえ大穴でなくても、少しでも穴があいたら、すみやかに乗合一同が力を尽して穴をふさぎ、朝夕ともに穴のあかないように、よくよく心を用いるべきだ。これはこの乗合の者の肝要なことだ。ところが、すでに大穴があいてもなおふさごうともせず、おのおの自分の心のままに安閑と暮らしていて、だれかふさいでくれそうなものだと、待っていてすむことだろうか。助け船だけを頼みにしていてすむだろうか。船中の乗合一同が身命をもなげうって働かなければならないときなのに。

八九　妻帯遅きをよしとす

ある村に貧しい若者があった。はなはだしく困窮していたが、心がけのよい者であった。「私が貧窮するのは前世に原因があるのでしょう。これは余儀ないことですが、何とかして田畑を昔どおりに持って、老いた父母を安心させましょう」と言って、昼夜農事に勉《つと》めた。ある人が、両親の意志だといって嫁を迎えることを勧めた。その若者は、「私はいたって愚かで、かつ無能・無芸で、金を得る方法を知らず、ただ農業を勉強するだけです。そこで考えますには、ただ妻を持つことを遅くするほかに良い策がないと決めました」と言って固辞した。翁はこれを聞いて言われた。「よい志だ。事をなそうとする者はもちろん、一芸に志す者でもこれを良策とすべきだろう。何となれば、人の生涯は限りがあって、年月を延ばすことができない。だから妻を持つのを遅くするよりほかに、益を得る方法はあるまい。まことによい志だ。東照神君（徳川家康）の遺訓にも、『おのれが好むところを避けて、嫌うところを専ら勤むべし』とあり、わが道では、こういう者をもっとも賞讃すべきだ。なおざりにしておいてはいけない。世話掛りの者はその心得があろう。いったい世の中で、好むことを先にすれば嫌うことがたちまちに来る。嫌うところを先にすれば好むところは求めなくても来る。盗みをすれば追手が来、物を買えば代金を取りに来る。金を借用すれば返済の期限が来て、返さなければ奉行所の呼出状が来る。これは眼の前のことだ」と。

九〇　過ちを改めざる教

門人の某は、過ちを犯しても改めることのできない性質であった。また多弁で、いつも過ちを飾った。翁はこれに諭して言われた。人として過ちのない者はないが、過ちと知ったならば、おのれに反省してすぐに改めるのが道である。過ちを改めず、その過ちを飾り、かつ押し張るのは、知に似、勇に似ているが、実は知でも勇でもない。おまえはこれを知勇と思っているが、これは愚であり不遜というもので、君子のにくむところだ。よく改めなさい。かつ若年のときは、言行ともによく心をつけなくてはいけない。

ああ馬鹿なことをした、しなければよかった、言わなければよかったというようなことのないように心がけなさい。そういうことがなければ、富貴はその中にある。たわむれにも偽りを言ってはならない。偽りから大害を引き起こし、一言の過ちから大きな禍《わざわい》を引き出すことが往々にある。それゆえ、古人は「禍は口より出《い》ず」と言っている。

人を誹《そし》り、人を言い落とすのは不徳である。たとえ誹っても当然な人物であっても、人を誹るのはよろしくない。人の過ちをあらわすのは悪事だ。嘘を実《まこと》と言いなし、鷺《さぎ》を烏と言い、針ほどのことを棒ほどに言うのは大悪だ。人をほめるのは善であるが、ほめすぎは正しい道ではなく、自分の善を人に誇り、自分の長所を人に説くのはもっとも悪い。人のいやがることは決して言ってはならない。みずから禍の種を蒔くことになる。よくつつしみなさい。

九一　人の捨てざるの願

翁の歌に、

むかしより人の捨てざるなき物を
　拾い集めて民に与えん

とあるのを、代官の山内董正《ただまさ》氏が見て、
「これは人の捨てたると言うべきだ」と言われた。

翁が言われるには、
「そう言うときは、人が捨てなければ拾うことができず、はなはだ狭くなります。かつ捨てたも

のを拾うのは僧侶の道で、私の道ではありません。古歌に、

世の人に欲を捨てよと勧めつつ
跡より拾う寺の住職

と言っています。ははあ」

董正氏が言うには、

「それならば、捨てざるなき物とは何か」

翁は言われた。

「世の人が捨てないもので、ない物は至って多くて、一々あげきれません。第一に荒地、第二に借金の雑費と暇つぶし、第三に富人の驕奢《きょうしゃ》、第四に貧人の怠惰などです。荒地などは捨てたようなものですが、開墾しようとすれば必ず持主があって容易に手をつけることができない。これがすなわち、無い物で、捨てた物ではないのです。また借金の利息・借替《かりかえ》（返済しないで借りを更新する）・成替《なしかえ》（一度返済して再度借用する）の雑費も同じ類で、捨てるのではなく、無いものです。そのほか富者の驕奢の出費、貧者の怠惰の出費も同じです。世の中ではこのように、捨てるのではなく廃《すた》れて無に属する物がいくらもありましょう。よく拾い集めて国家を興す資本とすれば、広く救済されて余りがありましょう。人の捨てない物で、無い物を拾い集めるのは、私が幼年から勤めている道で、今日にいたった原因です。すなわち私の仕法金の根本であります。よく心を用いて拾い集めて世を救うべきです」

九二　荒地に数種ある事

翁はこう言われた。わが道は荒蕪《こうぶ》を開くのを勤めとしている。その荒蕪には数種ある。田畑が実際に荒れた荒地がある。また借金がかさんで、収穫を利息にとられ、収穫はあっても利益のないものもある。これは国にとっては生きた地であるが、本人にとっては荒地である。また土地が悪く、本年貢や雑税だけの収穫で、耕作しても利益のない田地がある。これはお上《かみ》には生きた地であるが、下《しも》の者には荒地である。また資産があり金力があって、国家のために尽さず、いたずらに驕奢にふけって財産を費やす者がある。これは国家にとってもっとも大きな荒蕪である。また智あり才あって、学問もせず、国家のためも思わず、琴棋書画《きんきしょが》などをもてあそんで生涯を送る者もある。世の中のためにもっとも惜しむべき荒蕪である。また身体強壮でありながら、仕事をしないで怠惰・博奕《ばくち》に日を送る者もある。これまた自分のためにも人のためにも荒蕪である。この数種の荒蕪のうち、心の田の荒蕪が国家のためにもっとも大きな損失であり、つぎは田畑山林の荒蕪である。みな努めてこれを開拓しなければならない。この数種の荒蕪を耕し起こして、ことごとく国家のために供するのがわが道の勤めである。

　むかしより人の捨てざるなき物を
　　拾い集めて民にあたえん

これが私の志である。

九三　報徳教

翁はこう言われた。『孝経』に、「孝弟《こうてい》の至りは神明に通じ、四海に光り、およばざるところなし」(孝弟の極に達すると、鬼神にも感通し、その徳は世界中に輝き、感化を受けないところはない)「東より西より、南より北より、思うて服せざることなし」(東西南北の民がみな信頼して帰服する)とある。この語の解釈をある世俗的な儒者がした説は、何のこととも理解できない。いまわかりやすく説明すればこういうことだ。つまり、孝とは親の恩に報いる勤めであり、弟《てい》とは兄の恩に報いる勤めだ。すべて世の中は、恩には報いなければならない道理をよくわきまえれば、百事が心のままになるものだ。恩に報いるというのは、借りた物には利息を添えて返して礼を言い、世話になった人にはよく感謝の形をあらわし、買い物の代をすみやかに払い、日雇の賃銭はその日その日に払い、すべて恩を受けたことを考えて、よく報いるときには、世界の物は、実にわが物と同じく、何事も欲するとおり、思うとおりになる。こうなると、「神明に通じ、四海に光り、西より東より、南より北より、思うて服せざることなし」となるのだ。ところが、ある歌に、

三度たく飯さえこわしやわらかし
　思うままにはならぬ世の中

とある。これは、はなはだ違っている。これは勤めることも知らず、働くこともせず、人の飯をもらって食う者が詠んだものにちがいない。いったいこの世の中は、前にも言ったように、恩に

報いることをよく心得れば、何事も思うままになるものだ。それを思うままにならないというのは、代を払わないで品物を求め、種を蒔かないで米を収穫しようと望むからだ。この歌の第一句を「己《おの》がたく」と直して、自分自身のことにすればよかろうか。

九四　紂の不善甚しからざる事

翁はこう言われた。子貢の言に、「紂《ちゅう》王の不善もこれほどひどいわけではない。それゆえ君子は下流におるをにくむのだ。天下の悪いことがその一身に帰してしまうからだ」(『論語』子張篇)とある。「下流におる」とは、心の下った者とともにおることをいう。紂王も天子の友とすべき者、すなわち上流の人だけを友としていれば、国を失い、悪名を得ることもあるまいに、婦女子や心の邪《よこしま》な者ばかりを友としたために、国は亡び、天下の悪名はその身に帰したのだ。これはただ紂王だけがそうなのではない。人々はみな同じだ。つねに太鼓持ちや三味線引きなどとばかり交わっていれば、たちまち滅亡することは疑いない。それもごもっとも、これもごもっともと、へつらう者とばかり交わっていれば、正宗の名刀といえども、腐れて用に立たないようになろう。子貢はさすが門人のなかでも高弟である。紂の不善もこれほどひどいわけではないと言って、この故に君子は下流におることをにくむのだ、と教えたのだ。かならず、紂の不善も、後世伝えるほどにひどかったのではあるまい。おまえたちも、よく自戒して、下流にいてはならない。

九五　仁政跡なき事

翁はこう言われた。堯《ぎょう》は仁をもって天下を治めた。人民が歌って言うには、「井を掘って飲み、田を耕して食う、帝の力はわれらにはいらない」と。これが、堯の堯たるゆえんで、仁政が天下に及んで、そのあとがわからないからである。子産のごとき人については、孔子は、仁とはいわず、恵み深い人と評している（『論語』憲問篇）。

九六　孔子、知らずと答うる事

翁はこう言われた。『論語』に、人が孔子にものを問うたとき、孔子が「知らず」と答えていることがしばしばある。これは知らないのではない。教えるべき場合でないときと、教えても益のないときとである。今日、金持の家に借金を申し込んだとき、先方で、折あしく金がないと言うのと同じである。「知らず」ということに大きな味わいがある。よくその意味を理解すべきだ。

九七　何んぞ徹せざるの論

翁はこう言われた。哀公が、「今年は飢饉で用度が不足するが、どうしたらよかろう」と問われたとき、有若《ゆうじゃく》が答えて、「どうして十分一の税法①をされないのですか」と言った。これはおもしろい道理である。私はいつもこう言って人を諭している。一日に十銭を取って足りなければ九銭取るがよい。九銭を取って足りなければ八銭を取れ、と。人の身代は多く取ればますます不足を生じ、少なく取っても不足はないものである。これは理外の理だ。

九八　聖学の厳なる事

翁はこう言われた。君子たる者は食物も飽きるほどは求めず、住居も安楽を求めることがない。仕事は骨を折り、無益のことは言わず、その上に、徳の優れた人について自分の行ないの是非を正す。こういう人ならば、よほどほめるかと思うのに、孔子は、「学問を好む人というべきだ」（『論語』学而篇）とだけ言われた。今日のことについていえば、酒は呑まず、仕事は稼ぎ、無益のことはせず、それを通常の人だ、というようなものだ。

九九　大極無極

翁はこう言われた。儒に大極・無極の論があるが、思慮の及ぶのを大極といい、思慮の及ばないのを無極といっただけだ。思慮が及ばないからといって無とはいえない。遠海に波なく、遠山に木がないといっても、自分の眼力が及ばないだけのことで、これと同じだ。

一〇〇　安んじて慮る

翁はこう言われた。『大学』に、「安んじて而《しこう》して后《のち》よく慮《おもんぱか》り、慮って而して后によく得《う》」（心を静かにしてのち熟慮でき、熟慮してのち正しい判断が得られる）とある。本当にそうだ。世の人は、だいたい苦しまぎれに、種々のことを思い謀るから、みな成功しないのだ。「安んじて而して后によく慮って」事をなせば、過《あやま》ちがなかろう。「而して后よく得」というのは、まことに当を得ている。

一〇一　智者道徳に遠し

翁はこう言われた。才智すぐれた者は、多くは道徳に遠いものだ。文学があれば、申不害《しんふがい》や韓非子《かんぴし》の刑名《けいめい》の学を唱え、文学がなければ、『三国志』や『太閤記』を引く。『論語』『中庸』などには一言も及ばないものだ。なぜなら、道徳の本理は、才智では理解できないものだからだろう。この傾向の人は、かならず、行ないやすい中庸をむつかしいとするものだ。『中庸』に、「賢者は中庸を越えて高尚の行ないをする」とあるが、もっともである。およそ世人は、『太閤記』『三国志』などの俗書を好むが、はなはだよろしくない。そうでなくても争気盛んで、偽心のきざし始める若輩の者に、このような書を読ませるのは悪い。『太閤記』『三国志』などを読めば怜悧《れいり》になるなどといっているのは誤りである。心すべきことだ。

一〇二　道は世を救うにあり

翁はこう言われた。仏教信者も釈迦がありがたく思われ、儒者も孔子が尊く見えるうちは、よく修行しなければならない。その地位に至りつけば、国家を利益し、世を救うほかに道がなく、世の中に益のあることを勧めるよりほかに道がない。たとえば山に登るようなものだ。山が高く見えるうちは勤めて登るべきだが、登りつめれば、ほかに高い山がなく、四方ともに眼下になるようなものだ。この場に至れば、仰いでいよいよ高いのはただ天だけである。ここまで登るのを修行というのだ。天のほかに高いものがあると見えるうちは、勤めて登り、勤めて学ぶべきである。

一〇三　先んずると後るると

翁はこう言われた。どれほど努力しても、どれほど倹約しても、歳の暮にさしつかえるようでは、努力も真の努力ではなく、倹約も真の倹約ではない。先んずれば人を制し、おくれれば人に制せられるということがある。倹約も先んじなければ用をなさず、おくれるときは無益である。世の人は、この理屈がわかっていない。たとえば千円の身代が九百円に減ると、まず一年は借金をして暮らす。そこでまた八百円に減る。このとき初めて倹約して九百円で暮らすから、また七百円に減る。そこでまた改革して八百円で暮らす。年々こうしていくから、苦労しながら効果がなく、ついに滅亡するのだ。そのときになって、私は不運であったなどという。これは、不運ではないのだ。おくれるから借金に制せられたのである。ただこのことは、先んずると、おくれるとの違いである。千円の身代が九百円に減ったならば、すみやかに八百円に引き下げて暮しを立てるがよい。八百円に減ったならば七百円に引き下げるがよい。これを先んずるというのだ。たとえば、難治の腫物《できもの》ができたとき、手でも足でも断然切って捨てるようなものだ。一時の間に合わせを計って、ぐずぐずしているときは、ついに死を招き、後悔しても及ばないことになる。恐るべきことだ。

一〇四　争利の害

翁はこう言われた。国民が各自の利益を争うことがはなはだしいためである。国家の盛衰・存亡は、国家の盛衰・存亡は、富者はこれで十分ということを知らず、世を救う心もなく、十分である上にもさらに追い求めて、自分の勝手な工夫《くふう》をし、天恩も知らず、国恩も考えない。貧者はまた何とかして利益を得ようと思うが、工夫もないから、村費を納めるべきところをとどこおらせ、小作米の出すべきものを出さず、借りたものを返さず、貧富がともに義を忘れ、願っても祈ってもできがたい工夫ばかりをして、利を争い、その見込みがはずれたときは、破産という大河のうき瀬に沈むはめになる。この大河も、覚悟をして入れば溺れ死ぬまでのことはなく、また浮かび出ることも、向う岸へ泳ぎつくこともあるが、覚悟がなくてこの河に陥る者は、ふたたび浮かび出ることができずに身を終わる。あわれむべきことだ。私の教えは、世上のこうした悪弊を除いて、安楽の地を得させるのを勤めとしている。

一〇五　国の真利

翁はこう言われた。天下国家の真の利益というものは、もっとも利の少ないところにあるものだ。利の多いのは真の利ではない。家のため、地方のために、利を興そうとするときは、よく思慮をつくすべきだ。

一〇六　徒らに富を願う

翁はこう言われた。財宝を産出して利益を得るのは農工である。財宝を運転して利益を得るのは商人である。財宝を産出し、運転する農工商の大道を勤めないで、しかも富有を願うのは、たとえば水門を閉めて分水を争うようなものので、智者のするところではない。ところが、世間で智者と呼ばれている人のするところを見ると、農工商を勤めないで、ただ小智や悪智恵を振って財宝を得ようとしている者が多い。誤っていることであり、迷っているというべきだ。

一〇七　千円資本の譬

翁はこう言われた。千円の資本で千円の商法をするときには、他から見て、危い身代という。千円の身代で八百円の商法をするときには、他から見て、小さいが堅い身代というのである。この堅い身代といわれるところに、味もあり利益もある。それを世間では、百円の元手で二百円の商法をするのを働き者という。大きな誤りというべきだ。

一〇八　常人の情願

翁はこう言われた。常人の願望は遂げられないものだ。それは、願っても達成しないことを願うからだ。常人はみな、金銭の少ないことを苦にして、ただ多いことを願う。もし金銭を人々の願いどおりに多くすれば、砂石と異なることはない。そのように金銭が多くなれば、わらじ一足の代が銭一把、旅泊一夜の代は銭一背負《しょい》になろう。金銭が多すぎるのは不便というべきだ。常人の願望はこういうことが多い。願っても達成しない、達成しても益のないことだ。世の中は金銭の少ないところがおもしろいのだ。

一〇九　仏教

翁はこう言われた。仏説はおもしろい。いま近くのものでたとえをとれば、豆の前世は草である。草の前世は豆だというようなものだ。それゆえ、豆粒に向かえば、「おまえはもと草の化身《けしん》であるぞ。疑わしく思うなら、おまえの過去を説いて聞かせよう。おまえの前世は草で、何の国の何の村のなにがしの畑に生まれて、風雨をしのぎ、炎暑を避けて、草に覆《おお》われ、兄弟を間引かれ、辛苦・艱難を経て豆粒となったおまえであるぞ。この畑のあるじの大恩を忘れず、またこの草の恩をよく思って、早くこの豆粒の世を捨ててもとの草となって繁茂することを願え。この豆粒の世は、かりの宿りであるぞ。未来の草の世こそ大事だぞ」というようなものである。また草に向かえば、

「おまえの前世は種だぞ。この種の大恩によって、いま草と生まれ、枝を発し葉を出し、肥《こやし》を吸い、露を受けて、花を開くようになったのだ。この恩を忘れず、早く未来の種となることを願え。この世は苦の世界で、風雨・寒暑の心配がある。早く未来の種となり、風雨・寒暑を知らず、水火の心配もない土蔵の中に住む身となれ」というようなものである。私は仏道は知らないが、およそこのようなものであろう。そして世界の百草は、種になれば生ずる萌《きざ》しがあり、生まれれば育つ萌しがあり、育てば花の咲く萌しがあり、花が咲けば実を結ぶ萌しがあり、実を結べば落ちる萌しがあり、落ちればまた生ずる萌しがある。これを不止不転《ふしふてん》・循環《じゅんかん》の理という。

一一〇　一休の歌

宮原瀛洲《えいしゅう》が先生に問うて、「一休の歌に、

坐禅する祖師の姿は加茂川に
ころび流るる瓜か茄子《なすび》か

とありますが、この歌の意味はどういうことでございましょう」と言った。翁はこう言われた。

これは盆祭りがすんで、精霊棚《しょうりょうだな》を川に流すのを見て詠んだのであろう。歌の意味は、坐禅をする僧をあざけるようにみえるが、実は大いにほめたのだ。瓜や茄子が川に流れていくのを御覧、石に当たり岩に触れても、さまたげられることなく、痛みもせず、沈んでもたちまち浮き出して沈みきることはない。これを、どんな世の変遷にあっても、仏者がさまたげられることもなく滞りないことをほめて、世間の人が、世の変遷のために浮瀬に沈むのをいやしめ、この世ばかりではなく、来世のことを含ませたのであろう。鎌倉を見なさい。源家も滅び、北条も上杉も滅びて、いまは跡形もないが、その代に建立した建長・円覚・光明の諸寺は、現にいま存在している。すなわちこの意味だ。仏はもとより世外のものであるから、世の海の風波には浮沈しない、という道理を詠んだ歌で、別に意味があるわけではなかろう。

一一一　乱民暴徒の備

翁はこう言われた。天に暴風雨がある。これを防ぐためには、家の周囲に大木を植え、水勢の向かう堤には、牛枠《うしわく》①に蛇籠《じゃかご》②を設け、海岸に家があれば、乱杭《らんぐい》に柵《しがらみ》をかける。これらはみな平日は無用のものであるが、暴風雨のときのために、費用を惜しまずに修理するのだ。いったい、天地にだけ暴風雨があるわけではない。先年、大磯宿その他に起こった暴徒乱民は、いわば土地の暴風雨である。この暴風雨は必ずその地の大家に強く当たることは、大木に風の強く当たるようなものだ。地方で豪家と呼ばれる者は、この暴徒の防ぎをしなければ危いことだ。

瀛洲が尋ねて、「この予防をするにはどうすればよろしいでしょう」と言うと、翁はこう言われた。

「平素から心がけて米金を貯えおいて、非常の災害があろうというときに、これを施すよりほかに道はない」と。瀛洲は、

「その予防に備える金は、その家の分限によるでしょうが、およそどれくらい貯えておくのが適当でしょうか」とかさねて問うと、翁はこう答えられた。

「その家々にとって、第一等の親類一軒の交際費だけを、年々この予防のために別途にしておき、米・麦・稗《ひえ》・粟《あわ》などを貯えておいて、慈善の心をあらわせば必ず免れるだろう。しかし、これは暴徒の予防だけで、慈善ではない。たとえば、雨天に傘をさし簑《みの》を着るのと同じで、ただぬれないようにするだけのことだ」

一一二　暴風に倒れし松の譬

翁はこう言われた。暴風で倒れた松は、虫くいの穴に雨露がしみこんで、すでに倒れそうになっていた木である。大風で破れた垣

根も、杭が朽《く》ち、縄がくさって、まさに破れようとしていた垣根である。風は平等均一に吹くものので、松を倒そうとして、ことさらに吹くわけではなく、垣根をこわそうとして特別に吹くのでもないから、風がなくても倒れるはずであるのが、風があって倒れたり、破れたりしたのだ。天下のことはみなそれだ。鎌倉の滅亡も、室町の滅亡も、人の家の滅びるのもみな同じだ。

一一三　循環の道理

翁はこう言われた。この世界で、咲く花は必ず散り、散るといってもまた春が来れば必ず花が咲く。春に生ずる草は、必ず秋風に枯れ、枯れるといってもまた春風にあえば必ず生ずる。万物みなそうだ。されば無常といっても無常でなく、有常というも有常ではない。種と見る間《ま》に草と変じ、草と見る間に花を開き、花と見る間に実となり、実と見る間にもとの種となる。されば、種となったのが本来か、草となったのが本来か、これを仏教では不止不転の理といい、儒教では循環の理という。万物はみなこの道理をはずれることはない。

一一四　善悪の論

翁はこう言われた。儒教では、最高善に到達して、その状態を維持することを理想としている。仏教では衆善奉行《しゅぜんぶぎょう》という。しかし、その善というものがどういうものかということがたしかでないから、人々は善をなすつもりで、そのするところがみな違っている。いったい、善悪はもと一円である。盗人仲間では、よく盗むのを善とし、人を害しても盗みさえすれば善とすることであろう。ところが、世の法は、盗みを大悪とする。そのへだたりはこのようなものだ。天には善悪はなく、善悪は人道で立てたものである。たとえば草木のごとき、何の善悪があろう。それを人の側からして、米を善とし、莠《はくさ》を悪とする。食物になるかならないかのためである。天地にどうしてこの区別があろうか。莠は生ずるのも早く育つのも早い。天地生々の道にしたがうことがすみやかであるから、これを善草といってもさしつかえなかろう。米や麦のごとく、人力をかりて生ずるものは、天地生々の道にしたがうことがはなはだ迂闊《うかつ》であるから、悪草といってもさしつかえなかろう。ところが、ただ食えるか食えないかをもって善悪を分けるのは、人の都合から出た片よった見方ではないか。この原理を知らなければならない。

上下・貴賤はもちろん、貸す者と借りる者、売る人と買う人、人をつかう人と人につかわれる人に引きあてて、よくよく思考してみるがよい。世の中の万般のことはみな同じだ。あちらに善であればこちらに悪であり、こちらに悪いことは彼にはよい。生物を殺して食う者はよかろうが、食われるものにははなはだ悪い。そうはいっても、すでに人体があり、生物を食わなければ生きていくことができないのをどうすることもできない。米・麦・蔬菜《そさい》といっても、みな生物ではないか。私は、この原理を尽して、

見渡せば遠き近きはなかりけり
己々《おのれおのれ》が住処《すみど》にぞある

と詠んだのだ。けれども、これはその原理を言っただけである。人は米食い虫だ。この米食い虫の仲間で立てた道は、衣食住になるべき物を増殖するのを善とし、この三つの物を損害することを悪と定めている。人道でいう善悪は、これを定規《じょうぎ》とするのだ。これに基づいて、すべて人のために便利であるのを善とし、不便利になるのを悪と定めたものであるから、天道とは別のものであることはいうまでもない。しかし、天道に違うわけではない。天道にしたがいつつ、違うところがある道理を知らせたいだけだ。

一一五　山に四角木なき咄し

翁はこう言われた。世の中で、用に立つ材木はみな四角である。しかし、天は人のために四角の木を生じないから、どこの国の山林にも四角な木はない。また皮もなく骨もなく、かまぼこやはんぺんのような魚があれば、人のためには便利であるが、天はこれを生じないから、漫々たる大海にそのような魚は一尾もいないのだ。また籾《もみ》もなく糠《ぬか》もなく、白米のような米があれば、人世にはこのうえもない利益であるが、天はこれを生じない。それゆえ全国の田地に一粒もこういう米はない。これで、天道と人道とが異なる道理を悟ることができよう。また南瓜《かぼちゃ》を植えれば必ず蔓《つる》があり、米を作れば必ず藁《わら》がある。これまた自然の理である。糠と米とは一身同体である。肉と骨もまた同じだ。肉の多い魚は骨も大きい。それを糠と骨とを嫌い、米と肉とを欲するのは、人の私心であるから、天に対しては申しわけなかろう。そうはいっても、今まで食っていた飯も饐《す》えれば食うことができない人体だから仕方がない。よくよくこの理屈をわきまえなければならない。この理屈をわきまえなければ、私の道は了解することもむつかしく、行なうことも困難である。

一一六　歌数首の咄し　翁はこう言われた。

咲けば散り散ればまた咲き年ごとに
詠《なが》めつきせぬ花々の色

困窮に陥ってどうすることもできず、持っている物を売り出す者があれば、それを安い物だと喜んで買う人があり、また不運がきわまって、仕方がなく家を売って裏店《うらだな》へ引っ込む人があれば、表店へ出てめでたいと喜ぶ者がたえずある世の中である。

増減は器《うつわ》傾く水と見よ
こちらに増せばあちらへるなり

物価の騰貴に大利を得る者もあれば大損の者もある。損をして悲しむ者があれば利を得て喜ぶ者がある。苦楽・存亡・栄辱・得失、こちらが増すとあちらが減るということだ。みなこれは、自他を見ることができない半人足の寄り合い仕事だからである。

食えばへり減ればまた食いいそがしや
永き保ちのあらぬこの身ぞ

屋根は銅板《あかがねいた》でふき、蔵は石で築くことはできようが、三度の飯を一度に食っておくことはできず、やがて寒《かん》がくるからとて、着物を先に着ておくということもできない人の身である。したがって、長くは生きられないのが天命である。

腹くちく食うてつきひく女子《おなご》らは
仏にまさる悟りなりけり

自分の腹に食物が満ちれば寝ているのは、犬猫をはじめ心なきものの常の情である。それを、食事をすませると、すぐに明日食うべき物をこしらえるのは、未来の明日の大切なことをよく悟るからだ。この悟りこそ人道になくてはならない悟りである。この理をよく悟れば、人間はそれで事足りるであろう。これは私の教えであり、悟道の極意である。悟道者などという者の悟りは、悟っても悟らなくても、知っても知らなくても、ともに害もなければ益もない。

我というその大元《おおもと》を尋ぬれば
食うと着るとの二つなりけり

人間世界のことは、政事も教法も、みなこの二つの安全を計るためだけのことで、その他は枝葉であり、潤色にすぎない。

一一七　増減の論

翁はこう言われた。世の中には、とかく増減のことについてさわがしいことが多いが、世上で増減というものは、たとえば水を入れた器が、あちら側、こちら側に傾くようなものだ。あちらが増せばこちらが減り、こちらが増せばあちらが減るだけで、水には増減がない。あちらで田地を買って喜べば、こちらには田地を売って歎く者がある。ただ、あちらとこちらの違いだけで、本来の増減はない。私の歌に、

増減は器傾く水と見よ

といっているとおりである。私の道で尊ぶ増減はそれとは異なって、ただちに天地が万物を生育するのを助ける大道で、米五合でも、麦一升でも、芋一株でも、天つ神の積んでおかれた無尽蔵から、鍬鎌《くわかま》の鍵《かぎ》をもって、この世の中に取り出す大道である。これを真の増殖の道という。尊ぶべきであり、勤めるべきである。

天《あま》つ日の恵み積み置く無尽蔵
　鍬でほり出せ鎌でかりとれ

一一八　風雨順時の祈

翁はこう言われた。日や月が晴明であること、風雨が時に順うことを祈る心は、天下の祈願所の神官や僧侶は忘れることが多かろうが、耕作の収穫を頼みに生活を立てる貧しい百姓の男女に至っては、苗代に種を蒔くときから刈り収める日まで、片時も忘れることはない。その心情はまことに憐れむべきものである。私はこの気持を歌に詠もうと思ったが、十分に意がつくせない。言葉が足りなくて聞きぐるしかろうが、

もろともに無事をぞ祈る年ごとに
　種かす里の賤女《しずめ》賤《しず》の男《お》

一一九　因果の理

翁はこう言われた。善因には善果があり、悪因には悪果を結ぶことは、みな人が知っていることであるが、目前に萌《きざ》して目前にあらわれるものならば、人々もよく恐れ、よく謹んで、善種を植え、悪種を除くわけであるが、いかんせん、今日蒔く種の結果は目前には萌さず、目前にはあらわれないで、十年、二十年あるいは四十年、五十年の後にあらわれるものであるから、人々は迷って、その結果を恐れない。歎かわしいことではないか。その上にまた前世の因縁があり、どうすることもできない。これが世の人の迷いの根本である。けれども、世の中の万般の事物は、原因のないものはなく、結果のないものはない。一国の治乱、一家の興廃、一身の禍福みなそうだ。恐れ謹んで、迷ってはならない。

一二〇　虚言益なし

翁はこう言われた。現今の世の中は、嘘でもさしつかえないようであるが、これはその相手もまた嘘だからである。嘘と嘘だから、隙《すき》もなく滞ることもない。たとえば雲助仲間のつきあいのようなものである。もし嘘をもって実に対すれば、ただちにさしつかえるであろう。たとえば百枚の紙から一枚とれば知れないようではあるが、九十九枚目にいたって不足がわかる。百間の縄を五寸切るのも同様で、九十九間目になって足りないのがわかる。人の身代、一日に十銭取って十五銭つかい、二十銭取って二十五銭つかうときは、年の暮までは知れないが、大晦日《みそか》になってその不足があらわれるものだ。嘘が実に対することができないのは、このようなものだ。

一二一 貧富

翁はこう言われた。貧となり富となるのも偶然ではない。富も原因があって生じてくるものであり、貧も原因があって生じてくるものである。人はみな、貨財は富者のところに集まると思うが、そうではない。節倹するところと努力するところに集まるものだ。百円の身代の者が百円で暮らすときには富の来ることはなく、貧の来ることもない。百円の身代を八十円で暮らし、七十円で暮らすときには、富はここに残り、財はここに集まる。百円の身代を百二十円で暮らし、百三十円で暮らすときには、貧はここに来たり、財はここを去る。ただ、分外に進むのと、分内に退くのとの違いだけである。ある歌に、

ありといえばありとや人の思うらん
呼べば答うる山彦《やまびこ》の声

といっているように、世人は、いまあるものの、ある原因を知らない。

なしといえばなしとや人の思うらん
呼べば答うる山彦の声

で、世人はいまないものもない原因を知らない。いまある物はいまになくなり、いまない物もいまにあるようになる。たとえばいまあった銭がなくなったのは、物を買ったからである。いまなかった銭がいまにあるというのは働くからである。縄を一房《ふさ》なえば五厘手に入り、一日働けば十

銭手に入るのだ。いま手に入る十銭も酒をのめばすぐになくなる。これは明白疑いもない世の中である。『中庸』に、「誠なればすなわち明らかなり。明らかなればすなわち誠なり」とある。縄一房なえば五厘となり、五厘やれば縄一房が来る。晴天白日の世の中だ。

一二二　利を争うて礼無ければ乱る

翁はこう言われた。山畑に粟《あわ》や稗《ひえ》が実るときには、猪・鹿・小鳥までも出てきて取って食う。礼もなく法もなく、仁義もない。自分の腹を養うだけだ。粟を育てようとして肥《こやし》をやる猪や鹿もなければ、稗を実らせようと草を取る鳥もない。人に礼法がないのは、これと異なるところがない。私がたわむれに詠んだ歌に、

秋来れば山田の稲を猪《しし》と猿《さる》
　人と夜昼争いにけり

とある。秋の収穫を調べに来る役人は、年貢米を取るためである。調べを受ける地主も耕作の利益を取るためだ。作り主はもとよりのことだ。けれども、みな仁あり義あり、法あり礼あるゆえに、心中では争っても乱にはならないのだ。もしこの三人のうち一人が、仁義・礼法を忘れて私欲を押し張ったならば、たちまち乱れるだろう。世界は礼法こそ尊いものなのだ。

一二三　地獄極楽

ある人が翁に向かって、「地獄・極楽というものが実際にありましょうか」と言うと、翁はこう言われた。仏者はあるというが、取り出して人に示すことはできない。儒者はないというが、往《い》って見きわめてきたのではない。あるというのも、ないというのも、ともに空論だ。しかしながら、人の死後に生前の果報がなくてはならぬ道理だ。儒者がないというのは三世を説かないからだ。仏は三世を説く。一方は説くが、三世は必ずある。だから地獄・極楽がないとはいえない。見ることができないからとて、ないとはきめられない。さて地獄・極楽はあるといっても、念仏宗では念仏を唱える者は極楽へ行き、唱えない者は地獄へ落ちるといい、法華宗では妙法を唱える者は浮かび唱えない者は沈むといい、また、はなはだしいのは、寺へ金穀を納める者は極楽へ行き、納めない者は地獄へ落ちるという。このような道理が決してあるわけはない。本来、地獄は悪事をした者が死んでやられる所、極楽は善事をした者が死んで行く所であることは疑いない。いったい地獄・極楽は勧善《かんぜん》懲悪《ちょうあく》のためにあるもので、宗旨の信不信のためにあるものではないことは明らかである。迷ってはならず、疑ってはならない。

一二四　神儒仏同一論

翁はこう言われた。鐘には鐘の音《ね》があり、皷《つづみ》には皷の音があり、笛には笛の音がある。音はそれぞれ異なるが、その音は一つである。ただ物に触れて響きが異なるだけだ。これを別々の音に聞くのを仏道では迷いといい、これをただ一音に聞くのを悟りというようなものだ。しかし、これをことごとく別の音に聞いて、その内をもいくつかに分けて聞かなければ、五音・六律の別が立たないから、調楽はできないのだ。水も、朱が溶ければ赤くなり、藍が混じれば青くなるが、地にもどせばもとの清水になるのと同じだ。音は空《くう》にして、打てば響き、打たなければ止《や》む。音が空に消えるのは、打たれた響きがつきたからである。だから、神といい、儒といい、仏というも、本来は一である。一の水を、酒屋では酒といい、酢屋では酢というような違いだけである。

一二五　飯と汁木綿着物

翁はこう言われた。衣服は寒さをしのぎ、食物は飢えをしのぐだけでたりるもので、そのほかはみな無用のことだ。官服は貴賤を分かつ目印で、男女の服はただ装飾のためで、婦女子の紅白粉《べにおしろい》と異なることがない。紅白粉がなくても婦人であれば結婚にはさしつかえない。飢えをしのぐための食物と寒さをしのぐための衣服は、智者と愚者、賢者と不肖者を分かたず、学者でも無学者でも、悟っても迷っても離れることはできないものだ。これを備える道こそ、人道の大元、政道の本根である。私の歌に、

　飯と汁木綿《もめん》着物ぞ身を助く
　　その余はわれをせむるのみなり

と詠んでいる。これが私の道の悟りの門である。よくよく徹底すべきだ。

私は若いころから、食物は飢えをしのぎ、衣服は寒さをしのげばたりるとしてきた。ただこの

覚悟一つで今日までできた。私の道を修行し実行しようと思う者は、まずよくこの原理を悟るべきである。

一二六　飯と汁木綿着物

翁がある宿場の旅宿に宿泊されたとき、その床《とこ》に、「人常に菜根《さいこん》を咬《か》み得ば、すなわち百事做《な》すべし」（呂氏師友雑志）と書いたかけものがあった。翁はこう言われた。「菜根に何の功能があって百事がなるというのかと考えるに、これは粗食になれて、それを不足に思わなければ、為すことがみな成就するということである。私の歌に、『飯と汁木綿着物』と詠んだのと同じで、よい教訓である」また側に、

かくれ沼《ぬ》の藻にすむ魚も天伝《あまつた》う
日の御影《みかげ》にはもれじとぞ思う

と書いた短冊があった。翁が言われるには、「この歌はおもしろい。米は地より生ずるようであるが、もとは天より降るに同じだ。太陽が日々、天より照らすところの暖かい気温が地に入り、その力で米穀は熟するのだ。春分に耕し始めるころから、秋分に実るまで、尺杖《しやくじよう》のように図にしてみよ。十日照れば十日だけ、一月照れば一月だけ、地に米穀となるべき温気《うんき》が入っているから、たとえその間に雨天・冷気などがあったとしても、それまで照りこんでいるだけは実るのだ。けれども人力を尽さなければ実りの少ないのは、耕し鋤《す》きかきの功が多ければ、太陽の温気が地に入ることが多いためである。地上の万物は、一つとして『天日《あまつひ》の御影』にもれた物はない。海

底の水草すら、雨天・冷気の年には繁茂しないという。そうであろう。この歌は歌人の詠んだものとしては珍しい」

一二七　貧富並に元始の道

翁はこう言われた。富と貧とは、もとは遠く隔たっているものではない。ただ少しの隔たりである。その本源はただ一つの心得にある。貧者は昨日のために今日勤め、昨年のために今年勤める。それゆえ終身苦しんでその功はない。富者は明日のために今日勤め、来年のために今年勤め、安楽自在で、なすことはことごとく成功しないということはない。それを世の人は、今日飲む酒がなければ借りて飲み、今日食う米がないときは、また借りて食う。これが貧窮する原因である。今日薪を取って明朝飯をたき、今夜縄をなって明日垣根を結べば、安心で、支障も生じない。それを、貧者の仕方は、明日取る薪で今夕の飯をたこうとし、明夜なう縄で今日垣根を結ぼうとするようなものだから、苦しんで功がないのだ。それゆえ私は常にこう言っているのだ。貧者が草を刈ろうとするとき鎌がなければ、それを隣家から借りて草を刈るのは普通のことだ。これは貧窮を免れることのできない原因である。鎌がなければ、まず日傭取《ひようと》りをするがよい。その賃銭で買い求め、そののちに草を刈るべきだ。この道はすなわち開闢《かいびやく》元始の大道に基づくものであるから、卑怯《ひきよう》卑劣の心がない。これは、神代の昔、豊葦原《とよあしはら》に天降《あまくだ》りされたときの神の御心である。それゆえ、この心のある者は富貴を得、この心のない者は富貴を得ることができない。

一二八　分限を元とす

翁はこう言われた。私の教えは、徳をもって徳に報いる道である。天地の徳より、君の徳・親の徳・祖先の徳、その被《こうむ》るところは人々にとってみな広大であり、これに報いるには、自分の徳行をもってすることをいうのである。君恩には忠、親恩には孝の類、これを徳行という。さてこの徳行を立てようとするには、まず自分自身の天禄の分を明らかにして、これを守るのを先とする。それゆえ私は、入門の初めに、分限を取り調べて、よくわきまえさせるのである。なぜなら、およそ富家の子孫は、わが家の財産が何ほどあるか知らない者が多いからだ。『論語』（衛霊公篇）に、「師冕見《しべんまみ》ゆ。……皆坐す、子の曰く、某は斯《ここ》にあり。師冕出《い》ず。子張問うて曰く、師と言うの道か。子の曰く、然り。固《もと》より師を助くるの道なり」（盲目の楽人の冕が面会にやってきた。一同の者が席についた。孔子は言われた、「私はここに坐っています」と。冕が退出すると子張が質問をした、「先生が今なさったのは、盲目の楽人と話をするときの作法ですか」と。孔子が言われた、「そうだ。これが本当に師を助ける作法なのだ」と）とあり、私が人に教えるには、まず分限を明細に調べ、おまえの家株は田畑が何町何反歩、この作益金何円、うち借金の利子いくらを引いて残り何程、これがおまえの暮しを立てる一年の天禄である。このほかに取るところもなく、入るところもない。このうちで勤倹を尽して暮しを立て、何程か余財を譲るように勧めるべきで、これが道である。これがおまえの天命であり、おまえの天禄であると、みなこのように教えるのだ。これまた心盲の者を助ける道である。入るを計って天分を定め、音信・贈答も、義理も礼儀も、みなこの内ですべきだ。できなければ、みな止めるがよい。あるいはこれを吝嗇《けち》だという者があっても、それは言う方の誤りであるから気にすることはない。なぜなら、このほかに取るところなく、入る物もないからである。されば、義理も交際もできなければしないのが礼であり義であり道である。この理をよくよくわきまえて、まどうてはならない。これが徳行を立てる初めである。自分の分度が立たなければ、徳行は立たないものと知るべきだ。

一二九　天禄の尊きこと

翁はこう言われた。人生で尊ぶべきものは天禄が第一である。それだから、武士は天禄のために命をなげうつのだ。天下の政事も、神儒仏の教えも、その内容は衣食住の三つのことだけだ。人民が飢えず、こごえないようにするのを王道とする。それゆえに人たる者は、慎んで天禄を守らなければいけない。固く天禄を守るときは、困窮・艱難の心配はない。かりそめにも自分の天禄を賤しむ心が出るときは、困窮・艱難がたちまちに来る。天禄の尊いことはいうまでもない。日々の衣食住そのほか履物《はきもの》・笠・傘《からかさ》から鼻をかむ紙までも、みな天禄分内の品物である。嫁は他家より来る者だといっても、いってみれば、天禄のうちから来るといっても違うことはない。ところが、私のこの方法は、天禄のない者に天禄を授け、天禄の破れようとするのを補い、天禄の衰えたのを盛んにし、かつ天禄を分外に増殖し、天禄を永遠に維持する教えであるから、尊いことはいうまでもない。古語(『中庸』)

に、「血気ある者、尊信せざることなし」(盛んな気力のある者は尊信しないことはない)といっているのは私の道のことである。

一三〇　奢侈を断つの専務

翁はこう言われた。ある藩の藩士某が江戸詰で、よい地位についていたが、思いがけず職を免ぜられて帰国することとなった。私は行って別れの挨拶をし、かつこう言った。

「あなたのこれまでの贅沢《ぜいたく》はまことに意外のことでありましたが、職務であれば仕方がありませんでした。しかしいま帰国されようとしています。これまで用いられた衣類・諸道具は、みな分不相応の品です。これを持ち帰られるなら、あなたの贅沢はやまず、妻子や世話をしている者まで同様に奢侈《しゃし》がやまないでしょう。そうなれば、あなたの家は財政のために滅亡しましょう。恐ろしいことではありませんか。刀は、折れず曲がらぬ利刀で外側に飾りのないのを残し、その他は衣類・諸道具いっさい、これまで用いてきた品物は残らず親戚・朋友・懇意に出入りしている者などに形見としてことごとく与えて、不断着《ふだんぎ》・寝巻《ねまき》のままで、ただ妻子だけをつれて帰国し、一品も国に持って帰ってはなりません。これが奢侈を退け、贅沢を断つ秘伝です。さもなければ、妻子・厄介まで染《し》みこんだ奢侈は決して抜けず、あなたの家がついに滅びることは、鏡にかけて見るようです。迷ってはなりません」と懇々と教えたが、その人はききいれることができず、一品も残さず船に積んで持ち帰り、この品を売り売りして生活を立て、ついに売り尽して、言いようもない困窮に陥ってしまった。歎かわしいことだ。これは分限を忘れ、贅沢になれて、天をも恐れず、人をも憚《はばか》らない過ちである。自分の贅沢がまことに分に過ぎていると心づいたならば、藩に対しても憚らなければならないのに、これは贅沢になれて、自分では贅沢と知らないからである。歎息すべきことだ。

一三一　目的を変ずるの害

相馬藩の高野丹吾《たかのたんご》氏が帰国しようとしたとき、翁はこう言われた。伊勢《いせ》国鳥羽の港から相模《さがみ》国浦賀の港までの間に、大風雨のときに船の寄港すべき港は伊豆《いず》国の下田港だけである。それゆえ、灯明台があり、大風雨のときは、この灯台の明りを目標にして、往来の船は下田港に入るのだ。この脇に妻良子浦《めらこうら》という所がある。岸壁が高く大岩が多く、船路のない所だ。この辺に悪民がいて、風雨の夜、ここの岸の上で火をたいて、下田の灯台と見まちがうようにしたので、難風をさけようと灯台を目当に来る船が、灯台の火と見あやまって入ってくる勢いで、大岩に当たって破船することが何度もあった。この破船の積荷物品を奪い取り、隠しておいて分配したことがたびたびあったが、ついに発覚して、みな処刑されたと聞いている。自分のわずかな欲心のために、船を破り人命を損じ、物品を流失させる、憎むべき仕業《しわざ》ではないか。

私の仕法にも、またこれに似たことがあった。烏山《からすやま》藩の灯台には菅谷《すがや》八郎右衛門氏がおり、細川氏の灯台は中村元順《もとのぶ》氏であったのに、二氏の精神が中途で変わり、前と居所が違ったために、二藩の仕法は目標を失い、いま困難に陥っている。かりそめにも人の師表たろうとする者は、恐れ慎まなければならない。貴藩には草野正辰《まさたつ》氏や池田胤直《たねなお》氏のごとき大灯明が上にあるから安心ではあるが、あなたもまた成田・坪田二村のためには大灯明である。万一心を動かし居所を移すようなことがあれば、二村の仕法が破れることは、船が岩に当たったようなものだ。されば二村の盛衰・安危はあなたの一身にかかっている。よくよく肝に銘じておかれたい。二村のためにも、あなたのためにも、この上もない大事である。あなたがこの決心を定め、不動仏の、猛火が背を焼いても動かないようであれば、二村の成功は、袋の中の物を探るよりもたやすい。あなたが心を動かさなければ、村民はあなたを目標とし、船頭が船路を見て、おも梶《かじ》・取り梶と呼ぶように、贅沢に流れないようにおも梶と呼んで直し、遊惰に流れないように取り梶と呼んで漕ぐだけだ。そのときは、興国・安民の宝船、あなた所有の成田丸・坪田丸は、成就の岸に安着することは疑いない。このとき君公のお喜びはいかばかりであろう。草野・池田二氏の満足もどれほどであろう。勤められよ、勤められよ。

一三二　高野氏安全の守り

高野丹吾氏が旅装をして暇乞《いとまご》いに来られたとき、翁はこう言われた。

「あなたに安全のお守りを授けましょう。それは私が詠んだ、

飯と汁木綿着物ぞ身を助く
　その余はわれをせむるのみなり

という歌だ。歌がまずいからとて軽視してはいけない。身の安全を願うなら、この歌を守るがよい。一朝《いっちょう》変あるときに、わが味方となるものは飯と汁と木綿着物のほかにはない。これは鳥獣の羽毛と同じで、どこまでも味方である。このほかの物は、みなわが身の敵と知るがよい。このほかの物が内に入ってくるのは、敵が内に入ってくるようなものだ。恐れて除き去るがよい。これしきのことは、これくらいのことはと言いつつ、自分で許すところから、人は過つものだ。初めは害がないといっても、年を経る間に、思わず知らず、いつか敵となって、悔いても及ばないことになるものだ。これくらいのことはと、自分で許すところのものは、猪や鹿の足跡のように、隠すことができず、ついには自分の足跡のために猪や鹿が猟師に撃たれるのと同じだ。こういう物を内に持っていなければ、暴君も不正な役人も、どうすることもできない。進んで私の仕法を行なう者は、慎まなくてはならない。決して忘れてはいけない」

と。高野氏は頭をたれて感謝をした。そのとき、かたわらに波多《はだ》八郎がいたが、「古歌に、

かばかりの事は浮世の習いぞと
ゆるす心のはてぞ悲しき

とありますが、いまの御教戒で思い出しました。私も感銘を受けました」と言って、「生涯忘れません」と誓った。

一三三　人心道心

翁はこう言われた。人の神魂について生ずる心を真心《まごころ》という。すなわち道心だ。身体について生ずるを私心という。すなわち人心だ。人心は、たとえば、田畑に生ずる莠《はくさ》のごときものだ。つとめてけずり去らなければならない。そうしなければ、作物を害するように道心を荒すものだ。つとめて私心の草を取り除き、米麦を培養するように、くふうを用い、仁・義・礼・智の徳性を養い育てるべきだ。これが身を修め家を斉《ととの》える勤めである。

巻の四

一三四　開闢元始の大道

翁はこう言われた。『論語』(堯曰篇)に、「信なればすなわち民任ず」(信実であれば、民は信頼する)とある。子が母に対しては、自分でどれほど大切と思う物でも、疑うことなく母には預けるものだ。これは、母の信実が子に通ずるからである。私の小田原藩侯大久保忠真《ただざね》公に対する関係もまた同じだ。私が桜町復興の仕法を委任されたのは、計画の次第を一々申し立てる必要はなく、年々の出納を計算する必要はなく、十ヵ年の間任せておくという仰せであった。これが、私が一身をなげうって桜町に来た理由である。

さてこの地に来て、いかにしようかと熟考するに、わが国開闢《かいびゃく》の昔は、外国より資本を借りて開いたのではない、わが国はわが国の恩恵で開いたに相違ないことに気がついてから、本藩(小田原藩)の下付金を謝絶し、近郷の財産家に借金を頼まず、この四千石の地の外は海外と見なし、自分が神代の昔に豊葦原《とよあしはら》へ天から降り立ったと決心をし、皇国は皇国の恩恵で開く道こそ、天照大神《あまてらすおおみかみ》の足跡だと思い定めて、一途《ず》に開闢元始の大道によって努力したのである。

開闢の昔、豊葦原に一人天から降り立ったと覚悟するときは、流水に潔身《みそぎ》をしたように、潔いこと限りがない。何事をするにも、この覚悟をきめれば、依頼心もなく、卑怯・卑劣の心もなく、何を見ても羨《うらや》ましいことなく、心の中が清浄であるから、願うことは成就しないことがなくなるのだ。この覚悟が事をなす根本であり、私の悟道の極意である。この覚悟が定まれば、衰村を起こすのも、廃家を復興するのも、いとやすいことだ。ただこの覚悟一つだ。

一三五　風紀改良方政事の本意

翁はこう言われた。遊惰の風が深く染《し》みこんだ村里を新しくするのは、まことにむつかしいものだ。なぜなら、法で戒めることもできず、命じても行なわれず、教えも施しようがない。これに精励を行なわせ、義に向かわせるということは、まことに困難だ。私が昔、桜町の陣屋に行ったとき、配下の村々は、極度の悪習・弊風に染まって、どうすることもできなかった。そこで私は、深夜あるいは未明に、村里を巡行した。怠けているのを戒めるでもなく、朝寝を叱るでもない。善い悪いも問わず、勤惰も言わず、ただ自分の勤めとして、寒暑・風雨といっても怠らなかった。一、二ヵ月すると、初めて足音を聞いて驚く者もあり、また足跡を見て怪しむ者もあり、また現に出会う者もあった。それから次第に戒心を生じ、畏心《いしん》をいだき、数ヵ月すると、夜遊び・博奕《ばくち》・闘争はもちろん、夫婦の間や奴僕の交わりにも、叱ったり罵《ののし》ったりする声を聞かなくなった。

諺《ことわざ》に「権平が種を蒔けば烏が掘る。三度に一度は追わずばなるまい」という。これは田舎のたわむれ言であるが、役職についている人も知らなくてはならない。鳥が田圃を荒らすのは鳥の罪ではない。田圃を守る者が追わない過《あやま》ちだ。政道を犯す者があるのも、官がこれを追わない過ちだ。これを追う道も、権平が追うのを勤めとして、捕えるのを目的としないようにありたいものだ。このたわむれ言は、政事の本意にかなっている。田舎の言葉とはいいながら、心得なくてはならない。

一三六　国家衰亡の元

翁はまた言われた。田畑が荒れると、勤勉でない百姓のせいにし、人口が減少すると、間引きの悪弊によるというのが普通の論であるが、どんな愚民だからとて、ことさら田畑を荒らして自分が困窮するもとを作る者があろうか。また人は禽獣ではないから、親子の情のない者はない。それが生んだ子を育てないのは、食料が乏しく、成育させがたいからである。よくその実情を知れば、これより哀れなことはない。その原因は、租税が重くて堪えきれないで、田畑を捨てて作らないのと、民政が行きとどかなくて、堤防・田の溝・道橋が破壊して耕作ができがたいのと、博奕が盛んに行なわれて、風俗が頽廃し、人心が失《う》せ果てて耕作をしないのと、この三つである。耕作をしないから食物が減ずる。食物が減ずるから人口が減ずるのだ。食物があれば民が集まり、食がなければ民は離散する。古語（『論語』堯曰篇）に「重んずるところは民食葬祭」（為政者が重んずべきものは、人民・食料・葬礼・祭祀である）とある。もっとも重んずべきは民の米櫃《こめびつ》である。たとえば、この座に蠅を集めようとして、どれほど捕えてきて放っても、追い集めても、決して集まるものではない。ところが、食物を置けば、心を用いなくても、たちまちに集まるものだ。これを追い払っても、決して逃げ去らないことは一目瞭然である。だから、聖語（『論語』顔淵篇）に「食を足《た》らす」（食を十分にする）とある。重んずべきは人民の米櫃である。おまえたちも、自分の米櫃の大切なことを忘れてはいけない。

一三七　一家の興廃・一国の興廃、同論〝上国下国論〟

ある人が尋ねて来たとき、翁は問われた。「彼の家は無事かね」と。ある人が答えて、

「彼の父は仕事に精を出すことは村内で比べられる者がいませんでした。それゆえ作益も多く、ゆたかに暮らしてきましたが、その子は、とくに悪いことをするというのでもありませんが、勤勉に稼がず、耕作・培養も行きとどかず、ただ蒔いては刈り取るだけで、よい肥《こやし》を用いるのは損だなどといって、田畑を肥やすことによる利益を知りません。それで、父が死んでわずか四、五年ですが、上田も下田になり、上畑も下畑になって、作益もなく、今日の暮しにもさしつかえるようになりました」と言った。翁は左右をふり返ってこう言われた。

「君たちも聞いたか。これは農民一家のことだが、自然の大道理であって、天下国家の興廃・存亡もまた同じだ。肥をやって作物を作るのと、財を散じて領民を撫育し、民政に力を尽すとの違

いだけである。

いったい、国の廃亡するのは、民政が行きとどかないからだ。民政が行きとどかない村里は、堤防・田の溝がまず破損し、道路や橋梁がつぎに破壊し、野橋《のはし》・農道などは通路がなくなるのである。堤防・田の溝が破損すると、川に面した田畑がまず荒れる。用水路・悪水路が破壊すれば、高い田や低い田は耕作ができなくなる。道路が悪ければ牛馬が通れず、肥料が行きとどかず、精農の者でも力を尽すに困却し、このために耕作しても作益がない。それゆえ、人家に遠く不便の地は、捨てて耕さなくなる。耕さないから食物が減り、食物が減るから人民が離散する。人民が離散して田畑が荒れれば、租税が減ずるのはあたりまえのことではないか。租税が減ずれば諸侯が窮するのも当然である。前の農家の興廃と少しも違うことはない。君たちも心を用いるがよい。たとえば、上国の田畑は温泉のごとく、下国の田畑は冷水のごとくである。上国の田畑は耕耘《こううん》が行きとどかなくても作益のあるのは、温泉が自然に温かなようなものだ。下国の田畑は、冷水を温湯にするようなものであるから、人力を尽せば作益があるが、人力を尽さなければ作益がない。下国・辺境の人民が離散して田畑の荒れるのはこのためである」

一三八　至誠推譲

翁はこう言われた。

江川代官が問われて、「そなたが桜町を治めること数年で、年来の悪習が一洗され、人民が精励になり、田野が開け、人民が集まってきたと聞いている。感服の至りだ。

私は自分の支配所のために久しい間苦心をしているが、少しも効果がない。そなたには何かよい方法があるのか」と言われたことがある。

私はそれに答えてこう言った。

「君には君の御威光がありますから、事を行なうのもきわめて容易でございます。私はもとより無能・無術でありますが、ただ、御威光でも理解でも行なわれないところの、茄子《なす》をならせ大根を太らせる事業をたしかに心得ていますから、この原理を方法として、ただ勤めて怠らないだけのことです。草野が一変すれば米となり、米が一変すれば飯となります。この飯には、無心の鶏や犬さえも走り集まり、尾を振れといえば尾を振り、廻れといえば廻り、吠《ほ》えよといえば吠えます。無心の鶏や犬さえこのとおりです。私は、この原理を推し進めて下に適用し、至誠を尽すだけで、特別に方法があるわけではございません」と。これから私が年来実地に行なってきたことを六、七日にわたって談話したが、代官はあきることなく聞かれた。定めし支配所のために尽されたことであろう。

一三九　至誠実行

翁はこう言われた。わが道は至誠と実行のみだ。それゆえ、鳥獣・虫魚・草木にもみな適用することができる。まして人においてはなおさらだ。だから、才智・弁舌を尊ばない。才智・弁舌は人には説くことができるが、鳥獣・草木に説くことはできない。鳥獣は心があるから、あるいは欺くことができるかも知れないが、草木を欺くことはできない。わが道は至誠と実行とであるから、米麦・蔬菜・瓜・茄子でも、蘭・菊でも、みな繁栄させるのである。たとえ知謀は孔明を欺き、弁舌が蘇秦や張儀を欺くといっても、弁舌を振って草木を栄えさせることはできないであろう。それゆえ、才智・弁舌を尊ばず、至誠と実行とを尊ぶのだ。古語（『中庸』）に「至誠神のごとし」（至誠の人は鬼神のようなものである）といっているが、至誠はすなわち神といってもさしつかえないはずだ。およそ世の中は、智のある者も学のある者も、至誠と実行とがなければ、事は成就しないことを知るべきだ。

一四〇　至誠実行　蠅を集める譬

翁はこう言われた。朝夕に善を思うといっても、善事をしなければ善人ということができないのは、昼夜に悪を思っても、悪事をしなければ悪人といえないのと同じである。それゆえ人たるものは、悟道・治心の修行などに暇を費やすよりは、小さな善事であっても、身に行なうほうが尊い。善心がおきたならば、すぐに事業にあらわすべきだ。親のある者は親を敬養するがよい。子弟のある者は子弟を教育すべきだ。飢えた人を見て哀れと思ったら、すぐに食事を与えるがよい。悪いことをした、自分が間違っていたと心づいても、改めなければ意味がない。飢えた人を見て哀れと思っても、食を与えなければ功がない。だからわが道は実地実行を尊ぶのだ。世の中のことは、実行しなければ事は完成しないものなのだ。たとえば菜虫《なむし》は小さいから、求めようとしても得られないが、菜を作れば、求めなくても自然に発生する。孑孑《ぼうふら》は小さくて、探しても得られないが、桶に水を溜めておけば自然に生ずる。いまこの席に蠅を集めようとしても決して集まらない。捕えてきて放しても、みな飛び去る。しかし、飯粒を置けば、集めなくても集まるものだ。よくよくこの道理をわきまえて実地実行を励むべきだ。

一四一　農は国本なる論

翁はこう言われた。すべて物の根元は必ず卑しいものである。卑しいからといって根元を軽視するのは過ちである。たとえば、家屋にしても、土台があって初めて床《とこ》も書院もあるようなものだ。土台は家の元だ。これが、民は国の元である証拠だ。さて諸職業中、また農をもって元とする。なぜならば、自ら作って食い、自ら織って着るという道を勤めるからだ。この道は一国の者がことごとくしてもさしつかえのない職業である。このような大本の職業が賤しいのは根元であるがためである。およそ物を置くのに、最初に置いた物が必ず下になり、後に置いた物が必ず上になる道理であって、すなわち、農民は国の大本であるから賤しいのだ。すべての事は、天下一同に、これをしてさしつかえのない職業こそ大本なのだ。役人が顕貴であるといって、全国民がみな役人となったらどうだろうか。必ず立ち行かない。兵士は貴重ではあるが、国民がことごとく兵士になれば、同様に立ち行かない。工は欠くことのできない職業ではあるが、全国民がみな工になるならば、必ず立つことができない。商となるのもまた同じだ。しかるに、農は大本であるから、全国の人民がみな農となっても、さしつかえなく立ち行くことができる。してみれば、農は万業の大本たることは、これで明白だ。

この原理を明らかにすれば、長年の迷妄がとけて、大本が定まり、末業はおのずから判明する。ゆえに、天下の者すべてがなしてさしつかえのあるのを末業とし、さしつかえのないのを本業とするのは、公明の論ではないか。だから、農は本であり、厚くしなければならず、養わなければならない。その元を厚くし、その本を養えば、その末はおのずから繁栄することは疑いない。枝葉だからといってみだりに折ることはできないが、その本根が衰えたときには、枝葉を伐《き》り捨てて根を肥やすのが培養の法である。

一四二　守儀又難し

翁はこう言われた。創業は難《かた》く守るは易《やす》しというが、守ることの易いのは異論がないとしても、満ちた身代を平穏に維持するのもまた難業である。たとえば、器《うつわ》に水を満たして、これを水平に持っておれと命ずるようなものだ。器は無心であるから傾くことはないが、持つ人の手が疲れるか、空腹になるか、必ず永く水平に持っていることができないのと同じだ。さて、この満《まん》を維持するのは、至誠と推譲の道にあるが、心が正直で公平でなければ、これを行なうときに手違いを生じ、せっかくの至誠・推譲も水泡に帰することがある。『大学』に、「心忿懥《ふんち》するところ、恐懼《きょうく》するところ、好楽するところ、憂患するところあれば、すなわちその正を得ず」（怒り・恐れ・好み・憂いの四者が存在する時は、心を正しくすることができない）と言っている。まことにそのとおりだ。よく心得なくてはならない。よく磨いた鏡も、中が凹《くぼ》んでいれば顔がやせて見え、中が凸《たか》いときは顔が太って見えるものだ。鏡面が平らかでなければ、よく磨いた鏡もその詮《せん》がなく、顔がゆがんで見えるのと同じだ。心が正直・公平でなければ、見るのも聞くのも考えるのも、みなゆがむであろう。慎まなくてはならない。

一四三　道徳の本意〝刃物取り遣りの事〟

世の中で、刃物を取り遣《や》りするのに、刃の方をわが方へ向け、柄の方を先の方にして出すのは、道徳の本意である。この意味をよく押し弘めれば、完全な道徳ができよう。人々がこのようならば、天下は平らかであろう。刃先をわが方にして先方に向けないのは、その気持に、万一誤りがあるとき、わが身に疵《きず》を付けても、他人には疵をつけないという心である。万事このように心得て、わが身上を損しても、他人の身上には損はかけまい、わが名誉は損しても、他人の名誉には疵をつけまいという精神があれば、道徳の本体が完全であるといえよう。これから先は、この心を押し広めるだけだ。

一四四　身代に数ある事

翁はこう言われた。人の身代はおよその数限りのあるものだ。たとえば鉢植の松のようなものだ。鉢の大小によって松にも大小がある。緑を延び放題にしておくと、たちまち枯気づくものだ。年々に緑をつみ、枝をすかしてこそ美しく栄えるのだ。これは心得ておかなくてはならない。この道理を知らずに、春は遊山《ゆさん》に緑を延ばし、秋は月見に緑を延ばし、このように、よんどころない交際だといっては枝を出し、親類の付き合いといっては梢を出し、分外に延び過ぎ、枝葉が次第にふえていくのを伐り捨てなければ、身代の松の根が次第に衰えて、枯れ果ててしまうだろう。だから、その鉢に応じた枝葉を残して、不相応の枝葉をば年々に伐りすかすべきだ。これがもっとも肝要のことである。

一四五　身代盛衰　植木の譬

翁はこう言われた。樹木を植えるに、根を伐るときは必ず枝葉も伐り捨てなければいけない。根が少なく、水を吸う力が少なければ枯れるものだ。大いに枝葉を伐りすかして根の力に応じさせなければいけない。そうしないと枯れるものだ。たとえば人の身代も、稼ぎ人が欠け、家株が減ずるときは、植えかえた木が、根が少なくて水を吸い上げる力が減じたというものである。この時は仕法を立てて、大いに暮し方を縮めなければならない。稼ぎ人が少ないときに大きく暮らせば、身代は日々に減少して、ついには滅亡する。根が少なく枝葉の多い木がついに枯れるのと同じで、どうにも仕方のないものである。暑中であっても、木の枝を大方伐り捨て、葉を残らずはさみ取って、幹を菰《こも》で包んで植え、時々この菰に水を注げば枯れないものだ。人の身代もこの道理だ。心を用いるべきだ。

一四六　身代永遠維持の事

翁はこう言われた。樹木も老木となれば、枝葉は美しくなくなり、萎縮《いしゆく》して衰えるものだ。このとき大いに枝葉を伐りすかせば、来春は枝葉がみずみずしく美しく出るものだ。人の身代もこれと同じだ。初めて家を興す人は、自然普通の人と違うから、百石の身代で五十石の暮しをしても人が許すだろうが、その子孫となると、百石は百石だけ、二百石は二百石だけの交際をしなければ、家内も召使も他人も承知をしないものだ。そこで、ついには不足を生ずる。不足を生じたとき、分限を引き去ることを知らなければ必ず滅亡する。これは自然の勢いで免れることはできない。それゆえ私は、常に推譲の道を教えるのだ。推譲の道は、百石の身代の者が五十石で暮しを立て、五十石を譲ることをいう。この推譲の法は、わが教えの第一の法で、すなわち家産維持、かつ漸次増殖の方法である。家産を永遠に維持する道は、これよりほかにはない。

一四七　楠公旗文

大和《おおわ》田《だ》山城守《やましろのかみ》が楠公の旗の文だといって、次の文を写してきて、真偽はどうかと尋ねた。

非　は理に勝つことあたわず
理　は法に勝つことあたわず
法　は権に勝つことあたわず
権　は天に勝つことあたわず
天　は明らかにして私なし

楠公旗文

翁はこう言われた。理・法・権というのは世間で言うことである。非・理・法・権・天というのは珍しい。世の中はこの文のとおりだ。どんな権力者も天には決して勝つことができないのだ。

たとえば、理があっても頼むに足らず、権に押されることがある。かつ理を曲げても法は立つであろう。権をもって法を圧することもできる。しかし、天があるのをどうすることもできない。俗歌に、「箱根八里は馬でも越すが馬で越されぬ大井川」といっている。そのように、人と人の上は、智力でも弁舌でも威力や権力でも、通れば通れようが、天があるのをどうすることもできない。智力でも弁舌でも威力・権力でも、決して通ることのできないのが天である。この理を仏では無門関《むもんかん》という。それゆえ平氏も源氏も長くは続かず、織田氏も豊臣氏も二代とは続かないのだ。恐るべきは天である。勤むべきことは天の行ないである。世間の強欲者はこの理を知らず、どこまでも際限なく身代を大きくしようとして、智を振い腕を振うけれども、種々の手違いが起こって進むことができない。また権謀・威力を頼んで、もっぱら利を計っても、同じく失敗して志をとげることができないのは、みな天があるからだ。それゆえ『大学』には、「止まる所を知れ」と教えている。止まる所を知れば、漸次進む理があり、止まる所を知らなければ、必ず退歩するのを免れない。次第に退歩すれば、ついには滅亡する。かつ「天は明らかにして私なし」といっている。私がなければ誠である。『中庸』に、「誠なれば明らかなり、明らかなれば誠なり、誠は天の道なり、これを誠にするは人の道なり」とある。これを誠にするとは、私を去ることだ。すなわち己に克つことだ。むつかしいことではない。よく理にかなっている。これが楠公のものかどうかという真偽については私の知るところではない。

一四八 色即是空の理 悟道も益なき事

ある人が尋ねた。

「春は花秋は紅葉と夢うつつ
寝ても醒《さ》めても有明の月

とはどういう意味ですか」と。翁はこう言われた。

これは色即是空空即是色《しきそくぜくうくうそくぜしき》という心を詠んだものだ。色《しき》とは肉眼に見えるものをいう。天地間の森羅万象《しんらばんしょう》がこれである。空とは肉眼に見えないものをいう。いわゆる「玄のまた玄」(『老子』)というのもこれである。世界は循環変化の理で、空は色を顕わし、色は空に帰する。みな循環のために変化しないわけにはいかない。これが天道である。いまは野も山も真青であるが、春になれば梅が咲き、桃・桜が咲き、美しく咲き誇り、また香り豊かに咲きにおう。それも見る間に散ってなくなり、秋になると麓は染まり、峰も紅葉し、実に錦繡《きんしゅう》のようだと眺めていると、一夜木枯しが吹けば見る影もなく散ってなくなる。人もまた同じで、子供は育ち、若年は老年になり、老人は死ぬ。死ねばまた生まれて新陳交代する世の中である。だからと言って悟ったために花が咲くのでもなく、迷ったために紅葉が散るのでもない。悟ったから生まれるのでもなく、迷ったから死ぬのでもない。悟っても迷っても、寒いときは寒く、暑いときは暑く、死ぬ者は死に、生まれる者は生まれて、少しも関係がないから、これを寝てもさめても有明の月と詠んだのである。特別な意味があるわけではない。悟道というものも特に益のあるものではないということを詠んだのだ。

一四九　道は世を救い、世を益するにある事

神儒仏の書が数万巻ある。それを研究するのも、深山に入って坐禅をするのも、その道を上り極めるときは、世を救い、世に利益をもたらすほかには道はあるはずがない。もしあるとすれば邪道であろう。正道は必ず世に利益をもたらすもの一つである。たとえ学問をするとも、道を学ぶとも、ここに至らなければ、葎《むぐら》・蓬《よもぎ》がむやみにはい広がったように、人間社会に用のないものである。人間社会に用のないものは尊ぶに足りない。広がれば広がるほど世の害である。幾年かの後、聖君が出て、このような無用の書は焼き捨てることがないともいえない。焼き捨てないまでも、荒廃した土地を開くように、無用な葎・蓬を刈り捨て、有用の道の広まる時節がないともいえない。とにもかくにも、人間社会に利益のない書は見てはならない。自他のために利益のないことはしてはならない。光陰は矢のごとく、人生は六十年といっても、幼老のときがあり、疾病《しっぺい》があり、事故があり、物事をなす日はいたって少ないから、無用のことをしてはならない。

一五〇　開闢以来の大道の尊きこと

青柳又左衛門が言った。「越後の国では、弘法大師の法力によって、石油が地中より湧き出て、今も絶えない」と。それに対して、翁はこう言われた。それは、珍しいといえば珍しいが、ただ一ヵ所のことだけで、尊ぶには足りない。わが道はそれとは違って、もっとも珍しいものである。どの国でも荒地を起

こして菜種を蒔き、その収穫を得て、これを油屋に送ると、種一斗で油二升は必ずしぼれて、永久に絶えない。これはわが国固有の、天祖伝来の大きな法則であって、肉食・妻帯をし、十分な衣服を着用し、また十分に食べ、智者・愚者、賢者・不肖者の区別なく、天下の人にみな行なわせることができる。これはわが国の開闢以来伝えられてきた大道で、日や月に照明があるかぎり、この世界のあらんかぎり、間違いなく行なわれる道である。だから、大師の法にまさること万々ではないか。かつわが道にはまた大奇特がある。一銭の財がなく、天下の困窮を救い、広く施し、社会を豊かにして、なお余りある法だ。その方法は、ただ分度を定めるだけのことだ。私は、これを相馬《そうま》・細川・烏山《からすやま》・下館《しもだて》などの諸藩に伝えた。しかし、これは諸侯・大家でなければ行なうことのできない術である。このほかにまた術がある。原野を変じて田畑とし、貧村を変じて豊かな村とする術だ。また愚夫・愚婦に、みな行なわせることのできる術がある。山家にいて海魚を釣り、海浜にいて深山の薪を取り、草原から米麦を出し、争わないで必ず勝つ術である。ただ一人に行なわせるだけでなく、智愚を区別せず、天下の人みなに行なわせるのだ。いかにも妙術ではないか。よく学んで国に帰り、よく勤めなさい。

一五一　又、一説

翁はまたこう言われた。木こりが深山に入って木を伐るのは、材木が好きで伐るわけではない。炭焼きが炭を焼くのも、炭が好きで焼くわけではない。木こりも炭焼きも、その職業さえ勉強すれば、白米も自然に山に登り、海の魚も、里の野菜も、酒も油も、みな自然に山に登るのだ。ずいぶんと奇妙な世の中ではないか。

一五二　神仏同一

翁はこう言われた。世界で、人間はもとより禽獣《きんじゅう》・虫魚・草木にいたるまで、およそ天地のあいだで生をうけているものは、みな天の分身というべきだ。どうしてかといえば、孑孑《ぼうふら》でも、蜉蝣《かげろう》でも、草木でも、天地の造化の力をかりないで、人力で生育させることはできないからである。そして、人間はその長である。ゆえに万物の霊というのだ。その長である証拠は、禽獣・虫魚・草木を、自分の勝手に支配し、生殺しても、どこからも咎めがない。人間の威力は広大である。

しかし、本来は、人間と禽獣・草木と、何の別があろうか。みな天の分身であるから、仏道では悉皆成仏《しつかいじょうぶつ》と説く。わが国は神国であるから、悉皆成神というべきだ。それを世の人は、生きているときは人で、死んで仏となると思うのは間違っている。生きているとき仏であるから死んで仏になるのだ。生きているとき人で、死んで仏になるわけがない。生きているとき鯖《さば》の魚が、死んで鰹節《かつおぶし》となる理屈はない。林にあるとき松で、伐られて杉となる木はない。だから、生前仏で、死んで仏となり、生前神で、死んで神である。世の中に、人の死を祭って神とすることがある。これもまた生前に神であるから神になるのだ。この理屈は明白ではないか。神といい、仏といい、名前は異なっても実は同じだ。国が異なるから名が異なるだけのことだ。

私がこの心を詠んだ歌に、

世の中は草木もともに神にこそ
　死して命のありかをぞしれ
というのがある。また、
　世の中は草木もともに生如来《いきにょらい》
　　死して命のありかをぞ知れ
というのがある、と言って笑われた。

一五三　循環輪転を免るの説

翁はこう言われた。儒教で循環といい、仏教で輪廻転生《りんねてんしょう》というのは、すなわち天理である。

循環とは、春は秋になり、暑は寒になり、盛は衰に移り、富は貧に移ることをいう。輪転というのもまた同じことだ。そして仏教では輪転を脱して極楽に往生できることを願い、儒教では天命を畏れ、天につかえて泰山の安きを願うのだ。

私の教えるところは、貧を富にし、衰を盛にし、そして循環・輪転を脱却して、富盛の土地に住むようにする道だ。果物の木というものは、今年大いに実ると翌年は必ず実らないものだ。これを世間で年切《ねんぎ》りという。これは循環・輪転の理でそうなるのだ。これを人為をもって年切りなしに毎年ならせるには、枝を伐りすかし、また蕾《つぼみ》のときにつみとって花をへらし、数度肥料をやれば、年切りなしに毎年同じように実るものだ。人の身代に盛衰・貧富があるのは、すなわち年切りである。親は努力するが子は遊惰とか、親は節倹であるが子は贅沢とか、二代・三代と続かないのは、いわゆる年切りであって、循環・輪転である。この年切りがないことを願うならば、果物の木の法にならって、私の推譲の道をすすめるべきだ。

一五四　又、同じ説

翁はこう言われた。人の心からは、最上無類に清浄と思う米も、その米の心からは、糞水を最上無類の好いものと思うであろう。これもまた循環の理だ。

一五五　女大学

ある人が言うには、「女大学（『和俗童子訓』の一部）は貝原益軒《かいばらえきけん》の著述ではあるが、女子を圧迫することがひどすぎはしないか」と。翁はこう言われた。そうではない。女大学は婦女子の教訓として至れり尽せりで、婦道の至宝というべきだ。このようにすれば、女子の立つべき道はないようであるが、これは女子の教訓書だからだ。婦女子がよくこの道理を知れば、斉《ととの》わない家はあるまい。舜が父の瞽瞍《こそう》に仕えた仕方は、子たる者の道の極致で、同一の道理である。しかし、もし男子が女大学を読み、婦道はこういうものと思うのはもってのほかの過ちである。女大学は女子の教訓で、貞操心を鍛錬するための書だ。鉄もよくよく鍛錬しなければ、折れず曲がらずの刀とならないようなものだ。すべて教訓はみなそうだ。だから男子の読むべきものではない。誤解をしてはいけない。世にはこういう心得違いが往々あるものだ。教えというものはおのおの違うということは、『論語』をみてもよくわかろう。君には君の教えがあり、民には民の教えがあり、親には親、子には子の教えがある。君は臣の教えを学んではならない。民は君の教えを学んではならない。親もまた同じ、子もまた同じ、君臣・親子・夫婦・兄弟、みなそうだ。君は仁愛を究明し、民は忠順を道とすべきであり、親は慈愛、子は孝行、それぞれ自分の道を違《たが》えなければ天下泰平である。これに反すれば乱である。男子は女大学を読むなというのは、このためである。たとえば、教訓は病気に対する処方のごときものである。その病気によって施すものだからである。

一五六　姑と嫁の事

翁の家に親しく出入りする某という者の家では、嫁と姑《しゅうとめ》と仲がわるかった。ある日、その姑が来て、嫁の悪口をさんざんに並べたてた。それに対して、翁は、「これは因縁で仕方がないのだ。堪忍するほかに道がない。それとも、あなたが若いときに姑を大事にしなかった報いではないのか。とにかく嫁の悪いことを数えあげても仕方がない。自分で反省して堪忍しなさい」と、いともつれなく言い放して帰された。

そして翁はこう言われた。「これで善いのだ。こう言いきかせれば、姑も必ず反省するところがあって、将来の治まりが、少しはよくなろう。こういうときにおざなりのことを言って、ともどもに嫁を悪く言えば、姑はいよいよ嫁と仲が悪くなるものだ。すべてそういうやり方では、父子の中を破り、嫁姑の親しみを奪うに至るものだ。心得ておかなくてはいけない」

一五七　事あれば人造物は亡ぶ

翁はこう言われた。

郭公《ほととぎす》鳴きいる方をながむれば
只有明の月ぞ残れる①

この歌の心は、たとえば繁華であった鎌倉も、いまはただ跡だけが残ってものさびしいありさまであると、感慨の心を詠んだものである。ただ鎌倉だけではない。人々の家もまた同じだ。今日は家蔵が建ち並び、人が多く住んで賑《にぎ》やかであっても、ひとたび行き違えば破産することとなり、屋敷だけが残ることになる。恐れなくてはならない。慎まなくてはならない。すべて人が造った物は、事あるときはみな亡びて、残るものは天造物だけであるという心を含んで詠んだものだ。よく味わってその深い意味を知るがよい。

一五八　陰陽の理

翁はこう言われた。およそ万物はみな一つで、相続はできないものだ。父母がなくて生ずるものは草木だ。草木は空中に半分幹や枝を発し、地中に半分根を挿《さ》して生育するからだ。地を離れて相続するものは、男女二つを結び合わせて人倫とする。すなわち、網の目のごときものだ。網は糸二筋を寄り合わせては結び、寄り合わせては結びして網となる。人倫もそのように、男と女とを結び合わせて相続するものだ。ただ人だけではない、動物はみなそうだ。地を離れて相続するものは、一粒の種が二つに割れ、その中から芽を生ずる。一粒のうちに陰陽があるようだ。かつ天の暖かい光を受け、地の水分を得て、地に根を挿し、空に枝葉を発して生育する。すなわち天地を父母とするのだ。世人は、草木が地中に根を挿して、空中に生育することは知っているが、空中に枝葉を発して、土中に根を生育することを知らない。空中に枝葉を発するのも、土中に根を張るのも、同じ理屈ではないか。

一五九　世は術の上下のみ

翁はこう言われた。一般に、貧富だ苦楽だと言いさわぐが、世間は大海のごときものだから仕方がない。ただ泳ぐ術が上手か下手かの違いだ。舟を使うのに役立つ水も、溺死する水もかわりはない。ときにより、風に順風もあれば逆風もあり、海が荒い時もあれば穏やかなときもあるだけだ。だから、溺死をまぬかれるのは泳ぎの術一つだ。世の海を穏やかに渡る術は、勤と倹と譲の三つだけだ。

一六〇　陰陽のこと

翁はこう言われた。およそ世の中は、陰陰と陰が二つ重なっても立たない。陽陽と陽が二つ重なってもまた同じだ。陰陽陰陽と並び行なわれるのが法則である。たとえば寒暑・昼夜・水火・男女があるようなものだ。人の歩行も、右一歩・左一歩、尺蠖虫《しやくとり》も屈しては伸び、屈しては伸び、蛇も左へ曲がり右に曲がりながら、うねうねと行くものだ。畳の表《おもて》や筵《むしろ》のごときも、下へ入っては上に出、上に出ては下に入り、麻布のあらいのも、羽二重《はぶたえ》の細かいのも、みな同じ天理であるからだ。

一六一　陰陽のこと

翁はこう言われた。火を制するものは水だ。陽を保つものは陰だ。世に富者があるのは貧者があるためだ。この貧富の道理は、すなわち寒暑・昼夜・陰陽・水火・男女、みな相持ち合って相続するのと同じで、循環の道理である。

一六二　孝不孝

翁はこう言われた。飲食店に登って人に酒食を振舞っても、払いをしなければ馳走したとはいえない。不義の財源を用いたならば、日々美食で親を養っても、どうして孝行といえようか。「禹王が自分の飲食や衣服は贅沢をしないで神を鄭重にまつった」（『論語』泰伯篇）というように、出所がたしかなものでするのでなければ、親をもてなしても孝行ではない。ある人の発句に、

やわらかにたけよことしの手作麦

とあるのは、よくその情を尽している。「やわらかに」という一言に、孝心があらわれ、一家和睦の姿もよくみえる。手作麦といっているところに、親を安心させる気持が言外にあふれていて、よい発句といえよう。

一六三　小より大をなす

翁はこう言われた。世の中は大も小も限りがない。浦賀港で米を数えるには、大船で一艘二艘といい、蔵前では三蔵《くら》四蔵といい、俵米

は数にも入らないようである。しかし、その米粒が大きいわけではなく、通常の米である。その粒を数えれば、一升の粒は六、七万もあろう。だから一握りの米も、その数は無量といってもよかろう。ましてその米穀の功徳においてはなおさらである。春に種を蒔いてから、稲が生じ、風雨・寒暑をしのぎ、花咲き実り、またこきおろして搗《つ》き上げて白米とするまで、この丹精は容易ではない。実に粒々辛苦《りゅうりゅうしんく》である。その粒々辛苦の米粒を、日々無量に食して命をつなぐ功徳は、また無量である。それをよく思うべきだ。それゆえ人は小さな行いを積むことを尊ぶのだ。私の日課の縄ないの方法のごときは、人々が疑わないで勤めるから進捗《しんちょく》するのだ。これは小を積んで大をなすというものだ。一わの縄でも、一銭の金でも、乞食に施すというようなものではない。実に平等利益の正業で、国家復興の原理である。大きなことは、人の耳を驚かすだけで、人々が手に及ばないとして退却すれば仕方がないものだ。たとえ退却しないまでも、成功はしにくいものだ。今ここに数万金の富者があったとしても、必ずその祖先は一鍬の功から、小を積んで富を成したものに相違ない。大船の帆柱、永代の橋杭《はしくい》などの大木であっても、一粒の木の実から生じ、幾百年の星霜を経て、寒暑・風雨の艱難をしのぎ、日夜養分をたくわえて生長したものである。しかも、昔の木の実だけが生長するものではない。今の木の実も大木になることは疑いない。昔の木の実が今の大木となり、今の木の実が後世の大木となることを、よくよくわきまえて、大を羨《うらや》まず、小を恥じず、速成を欲せず、日夜怠らずに勤めることが肝要である。

むかし蒔く木の実大木《おおき》と成りにけり

今蒔く木の実後の大木ぞ

一六四　精農の利益

ある人が、「一飯に米一勺ずつを減らせば、一日に三勺、一月に九合、一年に一斗余、百人では十一石、一万人では百十石になります。この計算を人民に諭して、富国の基を立てるのはいかがでしょうか」と言った。翁はそれに対してこう言われた。この教諭は凶作の年にはよいけれども、平年にこういうことを言ってはならない。なぜならば、凶作の年には食物を増産することはできないが、平年では一反に一斗ずつ増産すれば、一町では一石、十町で十石、百町で百石、一万町で一万石になる。富国の道は、農を勧めて米穀を増産することにある。それをどうして減食のことを言えようか。下等の人民は、平日の食事も十分ではないから、十分に食いたいというのが平常の願望である。それゆえ、飯の盛り方の少ないことすら快くは思わないものだ。それを一飯に一勺ずつ少し食えなどということは、聞くも忌々《いまいま》しく思うだろう。仏家が施餓鬼《せがき》供養《くよう》に、ホドナンバンナムサマダと繰り返し繰り返し唱えるのは、十分に食いたまえ、沢山に食いたまえということだと聞いている。されば施餓鬼の功徳は、十分に食えということにある。下等の人民を諭すには、十分に食って十分に働け、たくさん食って根《こん》かぎり働けと諭し、土地を開き米穀を増産し、物産の繁殖することを勤むべきである。労力を増せば土地が開け物産が繁殖する。物産が繁殖すれば、商も工もそれにつれて繁栄する。これが国を富ます本当の原理である。あるいはこう言う人があろう、「土地を開きたくても開くべき土地がない」と。私の目で見れば、どこの国も半分しか開発されていない。人々は、耕作して植付けがしてあればみな田畑だというが、湿地・乾地・不平の地・粗悪の地は、みなまだ田畑とはいえない。全国を平均して、いま三回も開発しなければ、真の田畑とはいえない。今日の田畑は、ただ耕作がさしつかえなく出来るというだけのことだ。

一六五　分度の論

翁はこう言われた。およそ事を成就しようと欲するなら、始めに終りまでの計画を細かく立てるべきだ。たとえば木を伐るのに、まだ伐る前に、木の倒れる所を細かにきめておかなければ、倒れようとするときになって、どうにもすることができない。私が印旛沼《いんばぬま》を見分したときにも、仕上げ見分（事業完成後の検査）をも一度にしようと言って、どんな異変にも失敗のない方法を工夫した。相馬の殿様（充胤）から興国の法を依頼されたときにも、着手前に、百八十年間の収納を調べて、分度の基礎を立てた。これは、荒地の開拓ができ上がったときの用心である。私の方法は、分度を定めるのを根本とする。この分度をしっかり立てて、これを厳重に守れば、荒地がどれほどあろうと、借財がいくらあろうと、恐れることもなく、憂えることもない。私の富国・安民の方法は、分度を定めるという一点にあるからだ。いったい、皇国は皇国だけに限られている、この外へ広くすることは決してできない。だから、十石は十石、百石は百石、その分を守るほかに道はない。百石を二百石に、千石を二千石に増すことは、一家では相談できようが、一村が一同にすることは決してできないことだ。これは容易なようではなはだ難事だ。それゆえ分度を守ることを私の道の第一のこととするのだ。よくこの道理を明らかにして分を守れば、まことに気楽で、杉の実を取り、苗を仕立て、山に植えて、その成木を待って楽しむことができる。分度を守らなければ、先祖から譲られた大木の林を、一時に伐り払っても間に合わないようになって行くのは目に見えている。分度を越える過ちは恐るべきものだ。財産のある者は、一年の衣食がこれで足りるというところを決めて分度とし、多少にかかわらず分度外を世のために譲って何年も積んでいくならば、その功績は量り知れない。釈迦は世を救うために、国家をも妻子をも捨てたのだ。世を救う志があれば、どうしてわが分度外を譲ることができなかろうか。

一六六　農家の子教訓

翁はこう言われた。ある村の富農に怜悧《れいり》な子があって、江戸の聖堂へ入れて修行をさせようと、父子同道で暇乞《いとまご》いに来た。私はそれにこう言ってよく諭してやった。

「それはよいことだ。しかし、おまえの家は富農で、多くの田畑を持っていると聞いている。それは、農家としては尊い株である。その家株を尊く思い、祖先の高恩をありがたく思い、道を学んで、近郷の村々の人民を教え導き、この土地を盛んにして、国恩に報いるために修行に出るならば、まことによろしいが、祖先伝来の家株を、農家だからと賤しみ、むつかしい文字を学んで、ただ世に誇ろうという心ならば大きな間違いであろう。農家には農家の勤めがあり、富者には富者の勤めがある。農家の者は、どれほど大家でも農事をよく心得なければならない。富者はどれほどの富者であっても、勤倹して余財を人に譲り、郷里を富まし、土地をよくし、国恩に報いなくてはならない。この農家の道と富者の道とを勤めるためにする学問ならばまことによいが、もしそうではなくて、先祖の大恩を忘れて、農業はつまらない、農家は賤しいと思う心で学問をすれば、学問はますます他に心をうばわれるための助けとなって、おまえの家が滅亡することは疑いない。今日の決心は、おまえの家の存亡にかかわることだから、うかつに聞いてはいけない。私の言うことは決して違ってはいまい。おまえが一生涯学問をしても、このような道理を明らかにすることは決してできまい。またこのように教訓する者も決してあるまい。聖堂に積んである万巻の書よりも、私のこの一言の教訓の方が尊かろう。私の言うことを用いれば、おまえの家は安全である。用いなければ、私の家に二度と来るな。だから、用いればよいが、用いることができなければ、私の家に二度と来るな。私はこの土地の廃亡を復興するために来ている者だから、家の滅亡などということは聞くのも忌々《いまいま》しい。必ず来てはいけない」と戒めたが、聞き入れないで江戸へ出た。修行はまだ成就しないうちに田畑はみな他人の所有となり、ついにその子は医者となり、親は手習師匠をして一日を過ごすようになったと聞く。いたましいではないか。世間にはこうした心得違いが往々あるものだ。私がそのときの口ずさみに、

ぶん〳〵と障子にあぶの飛ぶみれば
明るき方へ迷うなりけり

と言ったことがある。いたましいことではないか。

一六七　富家無頼の子教訓

門人の某が、若年の過ちで、所持品を質に入れ、金を遣《つか》いはたして退塾した。その兄なる者が、弟が再入塾することを願い、金を出して質入品を受けもどして本人に渡そうとした。そのとき翁はこう言われた。質を受け出すのは勝手だが、彼は富家の子である。生涯質入れなどすべき者ではない。ふつつか至極《しごく》であるが、心得違いでしたことだから仕方がない。いま改めようと思うならば、質入品は打ち捨てておくがよい。一日でも質屋の手にかかった衣服は身にはつけないというくらいの精神を立てなければ、生涯のことはおぼつかない。過ちと知ったならすぐに改め、悪いと思ったらすぐに去るべきだ。きたない物が手につけば、すぐに洗い去るのが世の常だ。質入れした衣服をどうして受けもどして着用できようか。過って質に入れ、改めて受けもどすのは困窮した家の子弟のことだ。彼はもったいなくも富貴の大徳を生まれつきに持っている大切な身である。「君子は固く窮す」(君子でも全く困窮することがある。——『論語』衛霊公篇)とあるとおり、小遣がなければ遣わずにおり、ただ生まれつき得た大徳を守って失わなければ、必ず富家の聟となって安穏であろう。このような大徳を生まれつき持ちながら、みずからこの大徳を捨て、この大徳を失うときは、ふたたび取り返すことはできないのである。そういうときは、芸をもって生計を立てるか、みずから稼《かせ》がなければ生活できなくなろう。長芋でさえ腐りかかったのを囲うには、まだ腐らないところから切り捨てないと腐りがとまらない。だから、質に入れた衣類はふたたび身にはつけないという精神を強く決意し、生まれついて得た富貴の徳を失わない勤めこそが大切だ。悪友に貸した金もまた同様に打ち捨てて、返そうといっても受け取ってはいけない。なおまた貸しても、悪友の縁を絶ち、悪友に近づかないのを第一とすべきだ。これはよく心得るべきことだ。彼のような人は、身分さえ謹んで、生まれ得た徳を失わなければ、生涯安穏で、財宝は自然に集まり、ずいぶん他人の窮乏をも救うべき大徳が生まれながらに備わっているものだ。よくこの道理を諭して、誤らせてはならない。

一六八　時の論

翁はこう言われた。山谷は寒気に閉ざされて、雪が降り氷るけれども、柳の一芽が開きそめるころには、山々の雪も、谷々の氷も、みなそれまでのことだ。また秋になり、桐の一葉が落ちそめるころには、天下の青葉もまたそれまでである。いったい、世界は自転してとどまることがない。それゆえ時節にあうものは育ち、時節にあわないものは枯れるのである。午前は東向きの家には日が照るが、西向きの家はかげり、午後は西に向くものは日を受け、東に向くものはかげるのだ。この理屈を知らない者が、惑って、自分は不運だと言い、世は末になったと言って歎くのは誤っている。今ここに幾万金の負債があろうとも、何万町歩の荒蕪地があろうとも、賢明な主君があって、私の言う道によるときは憂慮することはない。実に喜ばしいことではないか。たとえ何百万金の貯蓄があり、何万町歩の領地があろうとも、暴君が出て道を踏まなければ、これも不足、あれも不足と、奢り高ぶり、増長に増長すれば、消滅することは、秋の葉が嵐に散乱するようなものだ。恐れないわけにはいかない。私の歌に、

奥山は冬気に閉じて雪ふれど
ほころびにけり前の川柳《かわやぎ》

一六九　悟道論時ありて害あり

翁はこう言われた。仏教に悟りの道ということがある。その論はおもしろいけれども、人道を害することがある。すなわち、生者必滅《しょうじゃひつめつ》・会者定離《えしゃじょうり》の類である。その本源をあらわしていうからである。悟りの道は、たとえば、草の根はこのような物だぞと一々あらわして人に見せるようなものだ。理屈はそうであるが、実地に行なえばみな枯れてしまう。儒道は、草の根のことは言わず、草の根は見なくてもよいものとして、根があるから生育するのだから、根こそ大切なものだ、それを培養するのが大切だ、と教えるようなものだ。松の木が青々と見えるのも、桜の花の美しく匂うのも、土中に根があるからだ。蓮華《れんげ》のよい香りが漂うのも、花菖蒲《はなしょうぶ》の美しいのも、泥中に根をはっているからだ。質屋の蔵がりっぱなのは、質を置く貧乏人が多いからであり、大名の城の広大なのは、領分に人民が多いからである。松の根を伐れば、たちまち緑の先が弱まり、二、三日たてば枝も葉もみなしぼむ。人民が困窮すれば主君も困窮し、人民が富めば主君も富むことは明々白々、少しも疑いのない道理である。

一七〇　唯我独尊の事

翁がある寺に参詣された。折しも灌仏会《かんぶつえ》であった。翁はこう言われた。釈迦が生まれたとき天上天下唯我独尊《てんじょうてんげゆいがどくそん》と言ったということを、侠客などが広言を吐いて、天下広しといえども自分に及ぶものはないなどと言うのと同じように、釈迦の自慢だと思う者がいるが、これは誤っている。これは釈迦ばかりでなく、世界中の者みな、自分も他人も、自分こそ天上にも天下にも尊いものであって、自分に勝《まさ》って尊いものはないぞという教訓の言葉である。すなわち銘々各々が、天地間にこの上なく尊いものだ。なぜならば、天地間にわれがなければ物がないのと同じだ。だから銘々がみな天上天下唯我独尊である。犬も独尊であり、鷹も独尊であり、猫も杓子《しゃくし》も独尊だといってもよい。

一七一　僧道古今の違い

翁はこう言われた。仏道の伝来は祖法を厳密に遵守《じゅんしゅ》するということにあるが、古《いにしえ》と今とは表裏の違いがある。古の仏者は鉄鉢一つで世を送ったが、今の仏者は日々うまい物にあきている。古の仏者は、糞雑衣《ふんぞうい》といって、人の捨てた破れぎれをとじ合わせて体をおおっていたが、今の仏者は常に美服をまとっている。古の仏者は山林や岩穴に常に草坐していたが、今の仏者は常に立派な寺院に安坐している。これらはみな、祖師らの教えと天地雲泥の違いではないか。しかし、これも自然の勢いである。なぜなら、祖師らの遺教には、田や家を大切に貯えてはいけないとあるが、いまはお上から朱印地を賜わっている。遺教には、財宝は火坑を避けるがごとくに遠ざけよとも、また蓄積してはならないともあるが、世人は争って財物を寄付している。また遺教には、高貴な人と好《よし》みを通じてはいけないとあるが、高貴な人がみずから随従して弟子と称する。たとえば、大河・流水のつきあたるところには砂石が集まらず、水のあたらないところに集まるようなもので、これもまた自然の勢いである。

一七二　三道の論

ある人が言った。「恵心僧都《えしんそうず》の伝記に、今の世の仏者たちの申される仏道が誠の仏道ならば、仏道ほど世に悪いものはあるまい、と言われたということがみえています。おもしろい言葉ではありませんか」と。翁はこう言われた。誠に名言である。仏道ばかりではない。儒道も神道もまた同じであろう。今どきの儒者たちの行なわれるところが誠の儒道ならば、世に儒道ほどつまらないものはあるまい。今どきの神道者たちの申される神道が誠の神道ならば、神道ほど無用のものはあるまいと私も思うのだ。いったい神道は天地開闢の大道で、豊葦原《とよあしはら》を瑞穂《みずほ》の国、安国《やすくに》と治め給うた道であることはいうまでもなく明らかなことだ。当世の巫祝者《ふしゆくしや》（神事に従事する者）流《りゆう》の、お札を配って米銭を乞う者などの知るところではない。川柳に、

神道者身にぼろ〳〵を纏《まと》い居り

といっている。今の世の神道者が貧困に苦しんでいるのはこのとおりで、これは真の神道を知らないからだ。神道は豊葦原を瑞穂の国とし、漂える国を安国と固め成す道である。こういう大道

を知る者が決して貧窮に陥るわけはない。貧窮に陥るのは神道がどういうものであるかを知らない証拠である。歎かわしいことではないか。

一七三　庭訓の語

翁はこう言われた。『庭訓往来《ていきんおうらい》』に、「注文に載せられずといえども、進じ申すところなり」（注文には載っていませんが差し上げます）と書いてあるが、これはよく人情をつくした文である。すべてのことがこうありたいものだ。

駞馬《はせうま》に鞭打って出る田植かな

駞馬は注文である。注文には載っていないが鞭を打つところである。

影膳に蠅追う妻のみさおかな

影膳は注文のうちである。注文にはないが蠅を追うところである。進んで忠をつくすのは注文である。退いて過ちを補うのは注文には載せてなくても勤めるべきところである。怒りにふれないように柔らかに諫《いさ》めるまでは注文のうちである。「敬して違《たが》わず、労して怨まず」（謹んで違背しないようにし、心中では憂慮していても怨まない）とは、注文にはないが尽すべきところである。菊花を贈るのは注文である。注文にはなくても根をつけて進ずべきところである。すべてのことをこのようにすれば、志が通らぬこともなければ、事が成就しないこともない。ここに至って、孝弟の至誠は神明に通じ、西より東より南より北より思うことがならないことはなくなるのだ。

一七四　道は書物にあらざる論

下男が芋種を埋めて、その上に芋種と書いた木札を立てた。翁は門弟にこう言われた。おまえたちが大道は文字の上にあるものと思い、文字ばかりを研究して学問だと思っているのはまちがっている。文字は道を伝える道具で、道ではない。それを、書物を読んでそれが道だと思うのは過ちではないか。道は書物ではなく行ないにあるのだ。今あそこに立てた木札の文字を見るがよい。この札の文字によって芋種を掘り出して畑に植えて作ればこそ食物になるのだ。道も同じで、目印の書物によって道を求め実行してこそ初めて道を得るのだ。さもなければ学問とはいえない。ただ本読みというだけだ。

一七五　施は感ぜざれば益なし

翁はこう言われた。現今の憂いは、村里が困窮して人気の悪いことである。この人気を直すには困窮を救わなければならない。これを救うのに財を施しては財力が及ばない。そこで無利息金貸付の法を立てたのだ。この法は恩恵をあたえるが費用をかけない道である。この法に一年の酬謝金《しゅうしゃきん》を付ける法も設けた。これは恩恵があるが費用がかからないうえに、欲ばってがつがつしない法である。実に賃借両全の道というべきだ。

一七六　家国天下の経済

翁はこう言われた。経済には天下の経済があり、一国一藩の経済があり、一家もまた同じである。各々別のもので、同日に論ずるわけにはいかない。なぜならば、博奕《ばくち》をうつのも娼妓屋《しょうぎや》をするのも、一家一身上にとっては、みな経済と思うであろう。しかし政府が禁止してみだりに許さないのは、国家に害があるからだ。こういうものは経済とはいえない。眼の前の自分一人の利益だけを考えて、後世にいかなる影響を与えるかも考えず、他人のことも顧みないからである。諸藩でも、宿駅に娼妓（飯盛女）を許しているが、藩中と領中の者がそこで遊ぶことを厳禁している。これが一藩の経済である。こうしなければ、自分の大事な一藩と領内の風紀とをそこねるからである。

米沢藩（上杉氏）では、少しの凶作の年には酒造量を半減し、大凶年には厳禁し、また他領からの輸入も許さない。大豆が違作であれば豆腐の製造も禁止すると聞いている。これは自国の金を他国へ出さない政策で、いわば一国一藩の経済である。しかし、天下の経済は、このようではだめだ。公明正大でなければならない。『大学』に「国は利をもって利とせず、義をもって利となす」（国家の利益は利益追求から生じる闘争を利益とせず、道義によって安定することを利益とする）とある。これこそ国家経済の格言というべきものだ。農商一家の経済にも、決してこの気持を忘れてはならない。世間の財産家は、このことを知らなくてはならない。

一七七　譲　論

翁はこう言われた。どこの国も、開闢の初めから人類がいたということはない。幾千年を経て初めて人が住み、そして人道が生じた。禽獣は欲しい物を見れば、すぐに取って食う。取れるだけの物は遠慮なく取って、譲るということを知らない。草木もまた同じだ。根の張れるだけは、どこまでも根を張っていく。これは、彼らが自然に行なう方法である。人がもしこうならば、それは盗賊だ。人はそういうものではなく、米が欲しければ田を作って取り、豆腐が欲しければ銭をやって取る。禽獣がすぐに取るのとは違う。

いったい、人道は天道とは異なるもので、譲道から成り立つものだ。譲とは、今年の物を来年に譲り、親は子のために譲ることから成り立つ道である。天道には譲道はない。人道は人の便宜を計って立てたものだから、ややもすると奪おうとする心が生ずるのだ。鳥獣はまちがっても譲心の生ずることはない。これが人畜の違いである。田畑は一年耕さなければ荒地となる。荒地は百年たっても、自然に田畑になることがないのと同じである。人道は自然のものではなく、作為のものであるから、人が用に立てているものは、作ったものでないものはない。それゆえ、人道は作ることを勧めるのを善とし、破ることを悪とする。万事自然にまかせておけば、みな廃《すた》れる。これを廃れないように勧めるのを人道というのだ。

人の用いる衣服の類、家屋に用いる四角な柱・薄い板の類、そのほか白米・搗麦《つきむぎ》・味噌・醤油の類は、自然に田畑・山林に生育するものではない。そこで人道は、勤めて作ることを尊び、自然にまかせて廃れるのをにくむ。虎や豹《ひょう》はもちろんのこと、熊や猪のごときは木を倒し根を掘ってしまい、強いことはいうまでもない。その労もまた言葉では言いつくせない。しかも終身労して安堵の地を得ることができないのは、譲ることを知らないで、生涯自分のためにつくすだけだから、苦労しても功労がないのだ。たとえ人であっても、譲の道を知らないで、勤めなければ、安堵の地を得ないのは禽獣と同じだ。そこで人間たる者は、智恵はなくても、力は弱くても、今年の物を来年に譲り、子孫に譲り、他人に譲る道を知って、よく実行したならば、その功労は必ず成就しよう。その上にまた、恩に報いる心がけがある。これも知らなくてはならず、勤めなくてはならない道だ。

一七八　交際の道

翁はこう言われた。交際は人道に必要であるが、世間の人は、交際の道を知らない。交際の道は碁や将棋の道を手本にするがよい。将棋の道は、強い者は駒を落として、先の人の力と相応するくらいにしてさすのだ。はなはだしく力が違うときには、腹金《はらきん》とか、歩三兵《ふさんびょう》というまでに駒をはずすのである。これは交際上に必要な理屈である。自分に富があり、才芸も学問もあって、先の人が貧しければ富をはずすがよい。先の人が不才ならば才をはずすがよい。無芸ならば芸をはずし、不学ならば学をはずすがよい。これは将棋をさす法である。こうしなければ交際はできないのだ。自分が貧乏にして不才、かつ無芸・無学ならば、碁を打つように心得るがよい。その人が富んで才もあり、かつ学もあり芸もあれば、幾目《いくもく》も置いて交際するがよい。これは碁の道である。この理屈は、ひとり碁や将棋の道だけではない。人と人と相対するときの道も、この理屈に従うべきだ。

一七九　礼　法

翁はこうも言われた。礼法は人間界の筋道である。人間界に筋道があるのは、たとえば碁盤や将棋盤に筋があるようなものだ。人は人間界に立てた筋道によらなければ人の道は立たない。碁も将棋も、その盤面の筋道によるからこそその術も行なわれ、勝敗もつくのだ。この盤面の筋道によらなければ、小児が碁や将棋をもてあそぶようなもので、碁も碁にならず、将棋も将棋にならない。それゆえ、人たるものは礼法を尊ばなくてはいけない。

一八〇　天　恩

翁はこう言われた。おまえたちは、よくよく考えてみなさい。恩を受けて報いないことが多かろうし、徳を受けて報じないことが少なくあるまい。徳を報いることを知らない者は将来の繁栄だけを願って、その根本を捨てるから、自然に幸福を失う。よく徳を報いる者は、将来の繁栄をあとにして、前のことを丹精に思うから、自然に幸福を受けて、富貴がその身を離れない。

いったい、報徳は百行の長、万善の先というべきだ。よくその根源を究明して見なさい。身体の根源は父母の生育のおかげである。父母の根源は祖父母の丹精にある。祖父母の根源はその父母の丹精にある。このように究明していけば、天地の命令に帰結する。だから天地は大父母である。それゆえもとの父母という。私の歌に、

きのうより知らぬあしたのなつかしや
元の父母ましませばこそ

と詠んでいる。自分も人も、一日も命が長いことを願う心、惜しい、欲しいと思う心は、天下みな同じだ。なぜならば、明日も明後日も、日輪が出てこられて、万世かわることがないと思うからだ。もし明日より日輪が出ないときまったらどうするか。このときは、一切の私心の執着、惜しい、欲しいもあるものではない。だから天恩のありがたいことはまことに明白ではないか。ここをよく考えてみなさい。

一八一　天道人道

翁はこう言われた。「自然に行なわれるのが天理である。天理には従うが、また人為をもって行なうのを人道という。人体は柔弱なもので、雨風・雪霜・寒暑・昼夜が循環して止むことのない世界に生まれて、羽毛や鱗《うろこ》・殻《から》に身をつつむこともなく、飲食は一日も欠くことができないのに、爪《つめ》や牙《きば》の利器もない。それゆえ、身のために便利な道を立てなければ身の安全を保つことができないのだ。だから、この道を尊んで、『その本原天に出ず』（その本当の姿が天に現われる。——朱子『中庸章句』）といい、これを天性といい、善とし美とし大とするのは、この道の廃《すた》れないことを願うからである。老子が、その隙《すき》を見て、『道の道とすべきは常の道にあらず』（これが「道」であると規定できるようなものは、不変の「道」ではない。——『老子道徳経』）などと言ったのは無理もないことだ。しかし、この身体を保つためには余儀ないことで、どうしようもない。その身が米を食い衣服を着て家に居て、この言を主張するのは、また老子らの失言というべきだろう」ある人が、「それならば仏の言も失言というべきか」と尋ねると、翁はこう言われた。「仏は生といえば滅といい、有と説けば無と説き、色即是空といい、空即是色という。老荘の言うところとは意味がちがう」

一八二　天道人道

翁はこう言われた。天道は自然である。人道は天道に従うけれども、また人為である。人道を尽して天道に任すべきである。人為をゆるがせにして天道を恨んではならない。庭前の落葉は天道である。無心に日夜積もる。これを払わないのは人道ではない。払えばまた落ちる。それに心を煩わし心を労し、一葉が落ちれば、箒《ほうき》を取って立つなどは、塵芥《ちりあくた》のために使い立てられるというもので、愚かなことだ。木の葉の落ちるのは天道である。人道をもって毎朝一度は払うがよい。しかしまた落ちても捨て置いて、無心の落葉に使い立てられてはいけない。また人道をゆるがせにして、積もり放題にしてはならない。これが人道である。愚人であろうと、悪人であろうと、よく教えるがよい。教えて聞かなくても、それに心を労してはならない。聞かないからといって捨てることなく、何度でも教えるがよい。教えてもそのとおりにしないからといって憤慨してはいけない。聞かないからといって捨ててしまうのは不仁である。教えてもそのとおりにしないからといって憤慨するのは不智である。不仁と不智とは徳者の恐れるところである。仁・智二つを心がけて、自分の徳を全うすべきだ。

ある寺に『二十四孝図』の屏風《びょうぶ》があった。それについて翁はこう言われた。聖人の教えは中庸を尊ぶが、この二十四孝という者は、みな中庸ではない。ただ王裒《おうほう》(1)や朱寿昌《しゅじゅしょう》(2)ら数名だけが奇異な感じがない。そのほかは奇異な者ばかりである。虎の前で泣いたので害を免れたという話などに至っては信用ができない。『論語』で説く孝とは非常なへだたりがある。

いったい、孝は親の心をもって己《おのれ》の心として、親の心を安んずることである。子たる者は、平常の身持ちや心がけがたしかならば、たとえ遠国に奉公して父母の安否を問うことがなくても、ある藩で褒賞を受けた者があると聞けば、その父母は、わが子だろうかと喜び、また罪科《つみとが》を受けた者があると聞けば、きっとわが子ではあるまいと、心配をしないようならば孝といえよう。それとは逆に、罪科に陥った者があると聞けば、わが子であろうかと心配をし褒賞された者があると聞けば、わが子ではあるまいと喜ばないようでは、日に月に父母のもとを訪れて安否を問うたとしても不孝といわなければならない。

古語(『孝経』)に、「親に事《つか》うる者は、上《かみ》に居て驕《おご》らず、下《しも》に居て乱れず、醜に在って争わず」(親につかえるには、身分が高くてもおごらず、身分が低くても卑下せず、醜い状態にあっても争わない)と言い、また「親の命に反しない」あるいは「病気ではないかと心配する」とも言っている(ともに『論語』為政篇)。これに親子の情を見ることができる。世間の親たちの情というものは、子のために無病長寿、立身出世を願うほか、決して他に思うところがあるわけではない。そこで子たる者は、その親の心をもって心として、親を安んずることが孝行の至りである。出世しても驕らないのも、出世していなくても乱れないのも当然のことであるが、醜に在って争わないというところに心をつけるべきだ。醜俗に交わるときは、どんなに堪忍をしても忍びがたいことが多いだろうが、そこにおいても争わないというのは、実に孝の至りというべきだ。

一八四　父子の法

翁はこう言われた。子としてはなはだ不孝なものであっても、もし他人が自分の親をそしれば、必ず怒るものだ。これは、父子の道が天性であるから怒るのだ。『詩経』に、「汝の祖を思うこと無からんや」（汝の祖を思わないことがあろうか）とあるが、まことにもっともなことだ。

一八五　悪習を去るの難

翁はこう言われた。悪習に深く染まった者を善に移すのは、はなはだむつかしい。あるいは恵み、あるいは諭して、いったんは改めることがあっても、またもとの悪習に帰るもので、これはどうすることもできない。幾度も恵み教えなければならない。悪習の者を善に導くのは、たとえてみれば、渋柿の台木に甘柿を継穂《つぎほ》したようなものだ。ややもすると、台芽《だいめ》の持前が発生して、継穂の善を害するのだ。だから継穂をした人は、気をつけて台芽を掻き取るように心を用いなければならない。もし怠れば、台芽のために継穂の方が枯れてなくなってしまうだろう。私が預かった土地に、こういう者が数名あった。

私はこの数名のために心力を尽して勤めたものだ。どんなだったか察してもらいたい。

一八六　小　事

翁はこう言われた。金持で小道具を好む者は大きな事業はできないし、貧乏人で履物《はきもの》や足袋などを飾る者は立身ができないものだ。また人が多勢集まって雑踏するところには、好い履物を履いて行ってはいけない。よい履物は紛失することがある。悪いのを履いて行って、紛失したときは尋ねるようなことをせず、さらに買い求めて履いて帰るがよい。混雑の中で探し求めて人を煩わすのは、粗末な履物を履いたより見苦しいものだ。

一八七　至忠至孝

翁はこう言われた。聖人は中《ちゆう》を尊ぶ。そして、その中というものは、物によって違うものだ。あるいはその物の中央に中のあるものがある。物指しの類はこれである。あるいは片よって中のあるものがある。竿秤《さおばかり》の垂針《おもり》の平はこれである。熱からず冷《つめ》たからずというのは温湯の中、甘からず辛《から》からずは味の中、損もなく得もないのは取引きの中である。盗人は盗むのを誉め、世人は盗むのを咎めるごときは、ともに中ではない。盗まず盗まれないのを中というべきだ。この理屈は明白である。

忠孝は、他と我と相対して生ずる道である。親がなければ孝をしたいと思ってもすることができず、主君がなければ忠をしたいと欲してもすることができない。だから片よらなければ至孝・至忠とはいえない。主君の方にいっぱいに片よって至忠である。親の方にぎりぎりのところまで片よって至孝である。片よることは尽すことをいうわけだ。大舜が愚昧《ぐまい》の父瞽瞍《こそう》に仕えたのや、楠公が南朝に尽したのは、実に偏倚《へんい》の極致で、至れり尽せりというべきだ。こうなれば、鳥黐《とりもち》で塵を取るように、天下の父母たるもの、主君たる者に、合わせて合わないということはない。忠孝の道はここに至って中庸となる。

もし忠孝を、半分くらいにしたならば、どうして忠といい、孝といえようか。君と親とのためには、百石は百石、五十石は五十石を精一杯に尽さなければ尽したとはいえない。もし百石は五十石が中であるというごときは、はなはだしい過ちだ。なぜならば、君臣で一円であるからであり、親子で一円であるからだ。主君というときは必ず家臣があり、親というときは必ず子がある。子がなければ親とはいえず、家臣がなければ主君とはいえない。それゆえに、主君も半ばであり、家臣も半ばである。親も半ばであり、子も半ばである。だから一番の片よりをもって、その最高の到達点とする。次図をもって悟るがよい。

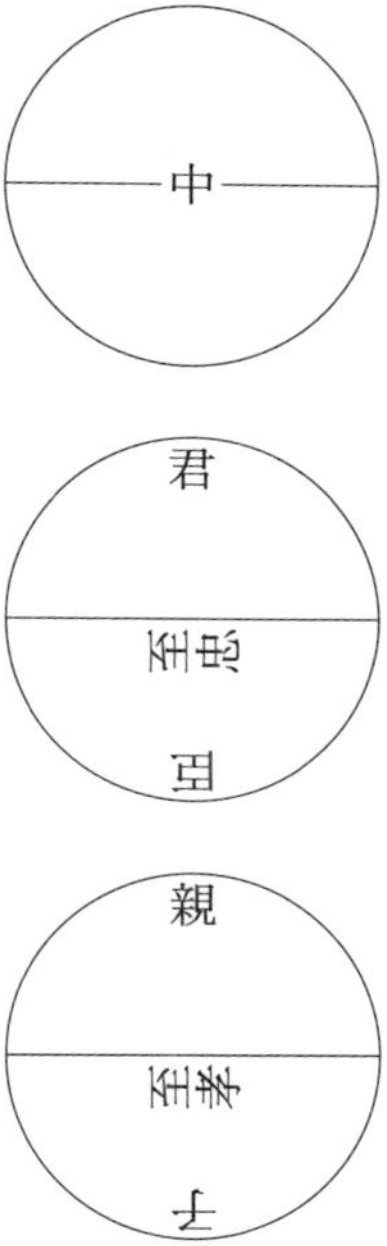

一八八　救　荒

救荒（飢饉を救うこと）をこまかに説き、草木の根・幹・皮・葉などの食用になるもの数十種を調べて、その調理法などを記した本を翁に贈った人がある。翁はこう言われた。草根や木の葉などは、ふだん少しずつ食べてみるときには害はないものだが、これを多く食べ日数を重ねると病気をおこすものだ。軽々しく食うのは悪いことだ。それゆえ私は、天保の二度の飢饉のとき、郡村を諭すのに、草木や木の葉などを食べろとは決して言わなかった。病気になるのを恐れたからだ。飢えた人々が自分で食べるのは仕方がないが、民を治める職にある者が、飢えた人々に向かって草根・木皮を食べろと言い、かつ食べさせるのは、はなはだ悪い。それを食べれば一時の飢えはしのげるが、病気になれば救うことはできない。恐ろしいことだ。だから、人を殺すのに杖と刃《やいば》の違いはないというたとえ（『孟子』梁恵王上篇）と少しもかわらない。これはまことに恐るべきことだ。しかし食べ物がなければ死ぬ、これをどうするか。ここを深く考えなくてはいけない。だから私は、飢えた人々を救うのに、病気になる恐れのない方法を設けて、烏山・谷田部《やたべ》・茂木《もてぎ》・下館・小田原などの領地に実施したのだ。こういう書物は、私がしたところとは違うものだから、私は採用しないのだ。

一八九　救　荒

翁はこう言われた。世間の学者は、草根や木の葉などを調べて、これも食べられる、あれも食べられるというが、私は聞きたくもない。なぜなら、自分でも食べて、よく経験したものでなければ、はなはだおぼつかないからだ。かつ、こういうものを頼みにすると、凶年の用意を自然に怠るようになって、世の害となろう。それよりも、凶年・飢饉の惨状のはなはだしいことを、僧侶が地獄のありさまを絵に描いて老婆を諭すように、懇々と説き諭して、村ごとに穀物を蓄えさせることを勧めるほうがよほどすぐれている。だから私は、草根・木皮を食べろとは決して言わず、飢饉の恐ろしいことと、貯穀をしなければいけないことだけを諭して、貯穀をさせるのを務めとしている。

一九〇　救　荒

翁はこう言われた。私が烏山その他で実施した飢饉の救助方法は、まず村々に諭して、飢渇に迫った者のうちを分けて老人・幼少・病身などで労働のできない者、また婦女子でその日の働きが十分にできない者をのこらず取り調べさせて、寺院か大きな家を借り受けて、ここに集めて男女を分かち、三十人か四十人くらいを一組として、一ヵ所に世話人を一、二名置き、一人について一日に白米一合ずつと定め、四十人ならば一度に一升の白米に水を多く入れて粥《かゆ》にたき、塩を入れて、それを四十の椀に甲乙なく平等に盛って一椀ずつ与える。また一度は同様であるが、菜を少しまぜ、味噌を入れて、うすい雑炊《ぞうすい》として、前と同様に盛って一椀ずつ与える。こうして代る代る朝から夕まで、一日に四度ずつと定めて与えるのだ。だから、一度に二勺五才の米を粥の湯にしたものだ。これを与えるときに、ねんごろに諭して、お前たちの飢渇は深く察している。実にあわれなことだ。今与える一椀の粥の湯を、一日に四度に限るから、さぞ空腹にたえがたいであろう。しかし大勢の飢人に十分に与えるべき米麦は天下にない。このわずかの粥の湯では飢えをしのぐには不足であって、実に我慢もできがたかろうが、今日は国中に米穀の売物がない。金銀があっても米を買うことのできない世の中である。それを領主・君主が莫大の御仁恵をもって倉を開かせられて、お救いくだされるところの米の粥である。一椀といえども容易なものではなく、そこをありがたく心得て、ゆめゆめ不足に思ってはならない。

また世間には、草根・木皮などを食べさせることもあるが、これははなはだよろしくない。病気をおこして救うことができず死ぬ者が多い。きわめて危険な、恐ろしいことだ。世話人に隠して、決して草根・木皮などは少しでも食べてはいけない。この一椀ずつの粥は、一日に四度ずつ時をきめて、きっと与えるものだから、たとえ身体はやせても、決して餓死する心配はない。また白米の粥だから病気がおきる心配もない。新麦が熟するまでのことであるから、よく空腹をこらえ、起きているときも寝ているときも、運動も静かにして、なるたけ腹のへらないようにし、命さえつづけばありがたいと覚悟して、よく空腹をこらえて、新麦の豊熟を天地に祈り、寝たければ寝ているがよく、起きたければ起きるがよい、日々何もする必要はない。ただ運動も腹のへらないようにし、空腹をこらえることを仕事と思って、日々を過ごすがよい。新麦さえみのれば十分に与えよう。それまでの間は死にさえしなければありがたいと思って、返すがえすも草木の皮葉などを食ってはいけない。草木の皮葉は、毒のないものでも腹になれないから、多く食べたり、日々食べたりすれば、毒のない物も自然に毒となって、そのために病気を生じ、大切な命を失うことがあるから、決して食べてはいけないと、懇切に諭して、空腹になれさせ、病気にならせないようにするのが、救窮の一番よい方策である。必ずこの方法に従って、一日一合の米粥を与え、草木の皮葉などは食べろと言わず、また食べさせないのだ。これがその方法の大略である。

また身体強壮の男女には別に法を立てて、よくよく説諭して、平常五厘の縄一房を七厘に、一銭の草鞋《わらじ》を一銭五厘に、三十銭の木綿布《もめんぬの》を四十銭に買い上げ、平日十五銭の日雇賃銭は二十五銭ずつを支払うから、村中一同が憤発努力し、勤めて銭を取って自活するがよい。縄・草鞋・木綿布などはいくらでも買い取り、仕事は相談して何ほどでも人夫を使うから、老幼男女を論ぜず、身体壮健の者は、昼は出て日雇賃を取り、夜は縄をない、沓《くつ》・草鞋を作るようにと、懇々と説諭して努力させるがよい。

さてその仕事は、道橋を修理し、用水・悪水の堀をさらい、溜池《ためいけ》を掘り、川除《よ》け堤を修理し、沃土《よくど》を掘り出して、下田・下畑に入れ、畔《あぜ》の曲がったのを真直に通し、狭い田を合わせて大きくするなど、その土地土地について工夫をすれば、仕事はいくらもあるだろう。これは、わが手に十円の金を損して彼に五十円・六十円の利益を得させ、こちらで百円の金を損して彼に四百円・五百円の利益を得させ、かつその村里に永久の幸福を残し、そのうえ美名をのこす道である。恵んで無駄にならないばかりか、少し恵んで大利益を生ずる良法である。はなはだしい窮乏を救うには、これより好い方法はない。これは私が実地に施行した大略である。

一九一　救荒

翁はまたこう言われた。天保七年（一八三六）に烏山侯の依頼によって、その領内に右の方法を施行した大略はこうである。まず一村一村に諭して、最も状態の悪い者のうち、労役に就くことのできる者と就くことのできない者との二つに分け、労役に就けない老幼・病人などの千余人は、烏山城下の天性寺《てんしょうじ》の禅堂・講堂・物置、その他の寺院、また新しい小屋二十棟を設けて収容し、一人に白米一合ずつ、前に言った方法で、同年十二月一日から翌年五月五日まで救済した。その間、飢人の気分をまぎらわせるために、藩士の武術稽古をそこで行なわせて縦覧《じゅうらん》を許し、折々空砲を鳴らして鬱気《うっき》をはらさせた。そのうち病気の者は自宅に帰し、または別に病室を設けて療養させ、五月五日解散のときには、一人につき白米三升、銭五百文ずつを渡して帰宅させた。

また労役に就ける達者な者には、鍬一枚ずつを渡して、荒地一反歩につき、起し返し料金三分二朱、田植え料二分二朱、合わせて一両二分、ほかに肥料代一分を渡し、一村ごとに働き者で事務をさばける者を人選して、投票して上位の者にその世話役を申しつけ、荒田を起こし返して植えつけさせた。この起こし返した田は、一春の間に五十八町九反歩に植付けができた。実に天より降るごとく、地より湧くごときもので、数十日のうちに荒地は変じて水田となり、秋になって、その収穫はすぐに貧民の食料の補いとなった。そのほか沓《くつ》・草鞋・縄などを製造したことも莫大であって、飢民が一人もなく安穏に生活をつづけ、領主・君主の仁政に感謝して農事に勉《つと》めた。まことに喜ばしいことではないか。

一九二　救荒

翁はまたこう言われた。右の方法は、単に救窮の良法というばかりではなく、勧業の良法でもある。この法を実施すれば、一時の窮乏を救うだけではなく、遊惰の者をも自然に勉強をさせ、思わず知らず職業を習い覚えさせ、習性《ならいせい》となって、弱い者も強者となり、愚者も職業になれ、幼者も縄をなうことや草鞋を作ることを覚え、そのほか種々の稼ぎを覚えて、懐手《ふところで》をして遊んでむだ食いをしている者もなくなり、人々は遊んで暮らすことを恥じ、むだ食いをしていることを恥じて、各々精業につくようになるものだ。

無利息金貸付法は窮を救う良法である。しかし、右の方法はこれに倍する良法といえよう。飢饉・凶年でなくても、救窮に志のある者は深く注意をしなければならない。世間で救窮に志のある者は、みだりに金銭・米穀を施すのははなはだよろしくない。なぜなら人民を怠惰《せぎよう》に導くからである。これは恵んで費えるというものだ。恵んで費えないように注意して施行し、人民を奮発・努力させるようにすることこそ必要なのだ。

一九三　救　荒

翁はこう言われた。穀物を貯蔵しておくのに、数十年を経て少しも損じないのは稗《ひえ》にまさるものはない。申し合わせて、なるべく多く積んで置くべきだ。稗を食料に用いるに、凶年のときには糠《ぬか》をとってはいけない。から稗一斗に小麦四、五升を入れて、水車の石臼で挽《ひ》き、絹ぶるいにかけて、団子に作って食べるがよい。俗に餅草という蓬《よもぎ》の若葉を入れれば味がよい。稗を凶年の食料にするには、この法が一番徳用である。稗飯にするのは損である。しかし、上等の人の食料には、稗を二昼夜水につけて取り上げて、蒸籠《せいろう》で蒸《む》して、よく干し、臼で搗《つ》いて糠を取り、米を少しまぜて飯にたくのだ。非常にふえるから水を余分に入れてたくがよい。上等の食料として用いるには、これよりよい方法はない。だから富有者が自分のためにも多く囲っておいてよいものである。できるだけ貯蓄するがよい。

一九四　救　荒

翁はこう言われた。人世の災害で、凶年よりひどいものはない。昔から六十年間に一度は必ずあると言い伝えている。さもあろう。ただ飢饉だけではない。大洪水も大風も大地震も、その他の非常の災害も、六十年間に一度ぐらいは必ずあろう。たとえなくても、必ずあるものときめて、有志の者が申し合わせて金穀を貯蓄すべきだ。穀物を貯えるには、籾《もみ》と稗とが第一だ。稲作の村では籾を積み、畑作の村里では稗を貯えるべきだ。

一九五　救　荒

翁はこう言われた。救窮の急を要するのは飢饉・凶年がもっともはなはだしい。一日もゆるがせにはできない。ゆるがせにすれば人命に関し、容易ならない変を生ずる。変とは何か、暴動である。古語（『論語』衛霊公篇）に、「小人《しょうじん》窮すれば乱す」（いやしい人間が困窮すると混乱におちいるものだ）とあるとおり、空しく餓死するよりは、たとえ刑罰にあっても暴力をもって一時なりとも飲食を十分にし、快楽をきわめて死のうと、富家に打ちこわしをかけ、町村に火を放つなど、言いようもない悪事を引き起こすことは昔からある。恐れなくてはならない。この暴徒・乱民は、必ずその土地の大家にあたることは、あたかも大風が大木にあたるようなものだ。富有者は、それを防ぐ方法をとらなくてはならない。

一九六　救　荒

翁はこう言われた。天保四年（一八三三）と同七年の、両度の凶年で、七年がもっともひどかった。早春から引きつづいて気候が不順で、梅雨から土用に降りつづき、気候ははなはだ寒冷で、雨天・曇天のみで、晴れた日はまれであった。晴れると思えば曇り、曇ると思えば雨が降った。私は土用前から心配していたが、土用にかかって、空の気《け》色《しき》が何となく秋めき、草木にふれる風も何となく秋風めいた。ちょうどそのころ他より新茄子《なす》が到来したのを糠味噌につけて食したところが自然に秋茄子の味がした。これによって意を決して、その晩から凶年の用意に心を配り、人々に諭してその用意をさせ、その夜終夜手紙を書いて諸方に使を出し、凶年の用意一途に力を尽した。

その方法は、明地《あきち》・空地はもちろん、木綿の生えている畑を潰《つぶ》し、荒地・廃地を起こして、蕎《そ》麦《ば》・大根・蕪菁菜《かぶらな》・胡蘿蔔《にんじん》などを十分に蒔きつけさせ、粟・稗・大豆など、すべて食料になるものの耕作・培養を精細にさせ、また穀物の売買があるときには、何品にかぎらず、みなこれを買い入れ、すでに借り入れ金をするにも抵当がなくなったので、貸金の証文を抵当に入れて金を借用した。

この飢饉の用意を諸方へ通知したなかで、厚く信用してよく実行したのは谷田部《やたべ》・茂木《もてぎ》領であった。この通知を受け取ると、その使と同道して、郡奉行が自分から馬に鞭《むち》打って馳《は》せつけて、その方法を尋ね、急ぎ帰って、郡奉行・代官役などが属官を率いて村里に赴いて、懇々と説諭して、まず木綿畑を潰し、荒地を起こし、廃地には残らず食料となるべき蕎麦・大根などの類をおびただしく蒔きつけ、堂寺の庭までも説諭して蕎麦・大根を蒔かせたという。下野国（栃木県）真岡《もおか》近郷は、真岡木綿の出る地方だから木綿畑がはなはだ多い。その木綿畑を潰して蕎麦を蒔きかえるのを、愚民にはことのほか歎く者もあり、また苦情をならす者もあった。そこで愚民は、あきらめのために、所々に一畝ずつ出来のよい木綿畑を残しておいたが、綿の実は一つも結ばず、秋になって初めて私の説を信じたという。愚民の諭しにくさにはほとほと困却した。また秋田を刈り取った干田に大麦を手のまわるだけ多く蒔かせ、それより畑に蒔いた菜種の苗を田に移して食料の助けにした。凶年のときは油断なく手配りして食物を多く作り出すがよい。これが私が飢饉を救った方法の大略である。

一九七　救　荒

翁はこう言われた。天保七年の十二月、桜町支配下四千石の村に諭して、家ごとに所持の米麦・雑穀の俵数を調べさせ、米はもちろん、大・小麦、大・小豆、何でも一人について俵数五俵ずつの割合で銘々に蓄えて、それより余分に所持している俵数は勝手次第に売り出すようにしろ、この節ほど穀物の値段の高いことは二度とあるまい。売るべきときは今だ。いそいで売って金にかえるがよい。金が不用ならば、相当の利息で預かってやろう。また、当節売り出すのは、平年に施しをするより功徳が多い。どこへなりとも売るがよい。一人五俵の割に不足の者や貯えのない者の分は、当方でたしかに用意しておくから安心するがよい。決して隠しておく必要はないから、くわしく調べて届け出すようにと言って、四千石の村々の毎戸の余分は売り出させ、毎戸の不足分は郷蔵《ごうぐら》に積み貯え、その余りは漸次倉を開いて、烏山領をはじめ、他領・他村へ出して救助した。他の困窮を救うには、まず自分の支配の村々が安心するような方法を立てて、その後で他に及ぼすべきだ。

一九八　救　荒

駿河（静岡県）駿東郡は、富士山の麓で雪水がかかる土地であるから、天保七年の凶荒はことさらひどかった。領主の小田原侯（大久保忠真）は、この救助法を江戸で翁に、「米金の出し方は家老の大久保某に申しつけたから、小田原に行って受け取るように」と命ぜられた。翁は、即刻出発して夜行で小田原に着き、米金を請求されたところ、家老・年寄の評議がまだ決まらず、久しく待つうちに昼になった。みなは弁当を食して、そのあとで評議をしようとした。そこで翁は言われた。「飢民はいま死に迫っているのに、それを救う評議がまだ決まらないで、弁当を先にして、この至急の評議を後にするのは、公議を後にして私を先にするものです。今日のことは平常のことと違って、数万の人民の命に関する重大な件です。まずこの議を決して後に弁当を食すべきです。この議が決しなければ、たとえ夜に入っても弁当を用いてはなりません。謹んで評議を決められたい」と述べられたので、もっともなことだと、出席の者たちは弁当を食することを止めて、評議に及んだ。そしてただちに用米の蔵を開くことに決まって、これを倉奉行に伝えた。ところがまた倉奉行は、開倉の日は月に六回ときまっているので、定まった日のほかはみだりに開倉した例がないと言って開かない。また大いに議論したが、倉奉行は、家老の会議のところで弁当云々《うんぬん》の論があったことを聞いて、すぐに倉を開いたという。これはみな翁の至誠によるものである。

一九九　救荒

翁はこう言われた。私はこのとき、駿州御厨郷《みくりや》（現在の静岡県御殿場市一帯の地方）の飢民の救済を扱った。ところですでに米金が尽きて方策がない。そこで郷中に諭して言った。「昨年の不作は六十年間にも稀《まれ》である。しかし普通の年に農業に精を出して米麦を余しているような、心がけのよい者はさしつかえがあるまい。いま飢えている者は、普通の年には惰農で、米麦を取ることが少なく、遊楽が好きで、博奕《ばくち》を好み、飲酒にふけり、放蕩《ほうとう》無頼《ぶらい》で心がけがよろしくない者であるから、飢えるのは天罰といってもよい。だから救われなくてもよいような者であるが、乞食となった者を見なさい。かれらは無頼・悪行がいちだんとはなはだしい者で、ついに土地を離れて乞食をする者だから、きわめてにくむべき者だ。しかし、それさえ憐れんで、あるいは一銭を施し、あるいは一にぎりの米麦を施すのは世間の通法である。今日の飢民はこれと異なって、もと一村同所に生まれ、同じ水を飲み、同じ風に吹かれ、吉凶・葬祭ともに助け合ってきた者で、因縁が浅くないから、どうして見捨てて、救済しないでおけようか。

いま私は飢民のために無利息十ヵ年賦の金を貸して救おうと思う。しかし飢えにあうほどの者は困窮がひどいから、きっと返納はできないだろう。そこで来年から、救済を受けない者も、日々乞食に施すと思って銭を十文か二十文出すがよい。それ以下の中下の者は、七文でも五文でも出すがよい。来年豊年ならば、天下が豊かであろう。御厨郷だけが乞食に施さなくても、国中の乞食が飢えることはあるまい。乞食に施す米銭でかの返納を補えば、自分は損をしないで飢民を救うことになる。これは両全の道ではないか」と諭したところが、郡中の者はみな感動して承諾した。そこで役所から無利息金を十ヵ年賦に貸し渡して大いに救助することができた。これで、上《かみ》に一銭の損がなくて、下《しも》に一人の飢民がなく、安穏に飢饉を免れた。このとき小田原領だけで救助した人員を村々から書き上げたところ四万三百九十余人であった。

二〇〇　救荒

翁はこう言われた。私は不幸にして十四歳のとき父に別れ、十六歳のとき母に別れ、所有の田地は洪水で残らず流失してしまい、幼年の困窮・艱難《かんなん》は実に心魂に徹し、骨髄に染《し》みこんで、今日でもまだ忘れることができない。それで、どうかして世を救い国を富まし、憂き瀬に沈む者を助けたいと思って勉強したところ、はからずもまた天保の二度の飢饉に遭遇したのだ。そこで心魂を砕き、身体を粉にして、ひろくこの飢饉を救おうと勤めたのだ。

その方法は、本年は気候がわるく、凶年になるだろうと見通しをつけた日から、一同申し合わせて、非常に勤倹を行ない、飲酒をかたく禁じ、断然他のあらゆることは捨てて、その用意をした。その順序は、まず申し合わせて、明地・空地を開き、木綿畑を潰して、じゃがたらいも・蕎《そ》麦《ば》・菜種・大根・蕪菜《かぶな》などの食料になるべきものを蒔きつける手配をし、土用明けまでは隠元豆もおそくないから晩手《おくて》の種を求めて多く蒔かせ、それから早稲《わせ》を刈り取り、干田は耕して麦を蒔き、金銭を惜しまず元肥《もとごえ》を入れて培養し、それから畑の菜種の苗を抜いて田に移し植えて、食料の補いとした。このように、その土地土地で、油断なく努力すれば、意外に食料を得られよう。凶荒のきざしがあったら、油断なく食料を求める工夫をつくすべきだ。

二〇一　恩を智と忘るとの事　幽明二世論

翁はこう言われた。世の人情の常で、明日食べる物がないときは、他に借りに行こうとか、救いを乞おうとかする心はあるが、さていよいよ明日は食う物がないというときには、釜も膳椀《ぜんわん》も洗う心もなくなるという。人情としてはまことにもっとものことであるが、この心は、困窮がその身を離れない根源である。なぜなら、日々釜を洗い膳椀を洗うのは、明日食うためで昨日まで用いた恩のために洗うのではないというのだが、これは心得ちがいだ。たとえ明日食べる物がなくても、釜を洗い膳も椀も洗い上げて餓死すべきだ。これは、今日まで用いてきて、命をつないだ恩があるからだ。これが恩を思う道だ。この心のある者は天意にかなうから、長く富を離れないであろう。富と貧とは遠い隔りがあるわけではない。明日助かることだけを思って、今日までの恩を思わないのと、明日助かることを思うにつけて、昨日までの恩を忘れないのとの二つだけのことで、これは大切な道理なのだ。よくよく心得るがよい。仏家では、この世は仮の宿、来世こそ大切だと教える。来世の大切なことは勿論であるが、今の世を仮の宿として軽んずるのは誤っている。いま一草をもってたとえてみよう。草になっては来世の実の大切なことは無論ではあるが、来世によい実を結ぶためには、現世の草のとき、芽立より精を出して露を吸い肥《こやし》を吸い、根をのばし葉を開き、風雨をしのぎ、昼夜精気を運んで、根を太らせ、枝葉を茂らせ、よい花を開くことに丹精しなければ、来世によい実となることができない。だから草の現世こそ大事なのだ。

人もそのとおり、来世のよいことを願うならば、現世において邪念を断ち、身を慎み、道をふみ、善行を勧めるにある。現世で人の道をふまず、悪行をした者が、どうして来世で安穏であることができよう。地獄は悪事をした者が死後にやられる所であり、極楽は善事をした者の行く所であることは、きわめて明白であるから、来世の善悪は現世の行ないにある。それゆえ、現世を大切にして、過去を思うべきだ。まずこの身はどうして生まれ出たかと、跡を振りかえってみることだ。

『論語』(先進篇)にも、「生を知らざれば焉《いずくん》ぞ死を知らん」(生を知らなくて、どうして死を知ることができよう)と言っている。人の性は天の令命で定まり、身体は父母の賜物《たまもの》であるから、そのもとは天地の令命と父母の丹精とによるものだ。まずこの道理から理解して、天徳に報い、父母に報いる行ないを立てなくてはいけない。性にしたがって道を踏むのは人の勤めである。この勤めを励めば、来世は願わなくても安穏であることは疑いない。どうしてこの世を仮の宿と軽んじ、来世だけを大切にする理由があろう。現在は主君があり、父母があり、妻子があり、これが現世の大切なゆえんである。釈迦がこれを捨てて来世に立ったのは、衆生を救済しようとしたためである。世を救うには、世外に立たなければ、広く救いがたいからだ。たとえば自分が坐っている畳を揚げようとするときには、自分が外に移らなければ揚げることができないようなものだ。ところが、世間で、自分一身を善くするために君父・妻子を捨てるのは迷っているからだ。しかし僧侶は、その法を伝えた者で、世外の人であるから別だ。これを混同してはいけない。これが君子と小人の別れるところで、わが道の安心立命はここにある。惑ってはいけない。

二〇二　仁に志せば悪なしの事

翁はこう言われた。私が飢饉救済のために下野・常陸・相模・駿河・伊豆国の諸村を巡回して見聞したところでは、凶歳であっても、常日ごろ精を出す人の田畑は、実りが相応にあって、飢饉には及ばなかった。私の歌に、

丹精は誰しらねどもおのずから
　秋のみのりのまさる数々

といっているようなものだ。『論語』(里仁篇)に、「まことに仁に志さば悪なし」(心から仁を志向すれば悪はなくなる)と言っている。もっともな道理だ。この道理をおしすすめて、まことに農業に志せば凶歳がないと言ってもよい。だから、まことに商法に志せば不景気がないと言ってもよかろう。お前たちはよく勤めなくてはいけない。

二〇三　惰弱人教戒

桜町の陣屋下に、翁の家に出入の畳職人で源吉という者があった。口をよくきき、才もあったが、大酒呑みで怠け者であったから貧乏であった。年末になって翁のもとへ来て、餅米の借用をお願いした。そのとき翁は言われた。

「おまえのように年中家業を怠けて働かず、銭があれば酒を呑む者が、正月だからといって一年間勤苦勉励して丹精した者と同様に餅を食おうというのは、はなはだ心得ちがいだ。いったい正

月は急に来るわけではない。また米は偶然に得られるものでもない。正月は三百六十日明け暮れして来るのであり、米は春耕し夏は草を取り秋に刈って初めて米となるのだ。おまえは春は耕さず夏は草を取らず秋は刈らず、米がないのは当たり前のことだ。だから正月だといって餅を食うべき道理がない。いま貸しても何で返すつもりなのか。借りて返さなければ罪人となろう。正月に餅が食いたければ、今日より遊び怠けることを改めて、酒を止め、山林に入って落葉をかき、肥をこしらえ、来春は田を作って米を取り、来々年の正月に餅を食うべきだ。そこで来年の正月は、自分の過ちを悔いて餅を食うことを止めろ」と懇々と説諭された。

源吉は大いに啓発されて、いままでの過ちを悔い、「私は遊惰で家業を怠り、酒呑みですが、それを年中働いている人と同様に餅を食って春を迎えようとしたのはまったく心得ちがいでした。来年の正月は餅を食わず、過ちを悔いて年を取り、今日からは怠けぐせを改め、酒を止めて、年が明けましたら二日から家業を始め、一所懸命に働いて、来々年の正月は人並に餅をついて祝いましょう」と言って、懇切な教訓に厚く感謝して暇乞いをして、しおしおと門を出て行った。そのとき門人の某がひそかに口ずさんだ狂歌がある。

　げんこう（言行・源公）が一致ならねば年の暮
　　たたみ重ねるむね（胸・棟）や苦しき

翁はこのとき金を握っていられて、源吉が門を出て行くのを見て、急に呼びもどし、「私の教訓はよく腹に入ったか」と問われた。源吉は、

「まことに肝に銘じました。生涯忘れません。これから酒を止めて働きます」と答えた。翁はすぐに白米一俵・餅米一俵・金一両に大根・芋などを添えて与えられた。これから源吉は生まれかわったようになって生涯を終わったという。翁が教育指導に心をつくされるのはこういうふうで、同じようなことは枚挙にいとまがないが、いまその一つを記しておく。

二〇四　土地改良

翁はこう言われた。山の裾、または池のほとりなどの窪地《くぼち》の田畑などには、大昔の池や沼などが自然にうまって田畑となった所があるものだ。そういう所は、すべて肥えた土が多くあるものだから、尋ねて掘り出して、悪土の田畑に入れると非常な利益がある。これを尋ねて掘り出すのは、天に対し国に対しての勤めである。励み勤めるべきだ。

二〇五　永世に残るは功労のみ

下野《しもつけ》国のある郷村は、風俗がはなはだ頽廃《たいはい》していて、埋葬地もきまった所がなく、あるいは山林原野・田畑宅地など、どこにでも埋葬して平気である。数年たつと墓をくずして豆や麦を植えて、それも平気である。それゆえ、荒地の開墾・掘り割り・畑まくり（畑土を掘り返して石を取り除き、底に粘土を敷いて水田とする工事）などの工事に、骸骨《がいこつ》を掘り出すことが時々ある。翁はこれを見て言われた。「骸骨は腐っていても、頭骨と脛骨《けいこつ》とは必ず残っている。なぜなら、頭骨は身体全体の上にあって、最も功労の多い頭脳を覆《おお》って、寒暑を受けることがきわめて多い。脛《はぎ》は身体の下にあって身体を捧げ持って功労が最も多い。その人が世の中にあるときに功労が一番あったところは、死後百年たっても骨が腐らない。その道理をよくわきまえるがよい。おまえたちも、頭脛の骨のように、長く腐らないように勤めよ。古歌（百人一首、大納言公任の作）にある。

　滝の音はたえて久しくなりぬれど
　　名こそ流れてなお聞こえけれ

わが国の神聖はもちろん、孔子や釈迦なども世を去って三千年を経ている。それがいまになっても「大成至聖文宣皇帝孔夫子《たいせいしせいぶんせんこうていこうふうし》」といい、「大恩教主釈迦牟尼仏《だいおんきょうしゅしゃかむにぶつ》」という。その人は死んでたいへん久しくなったが、その名こそわが国にまで流れてきて、なお聞こえているのだ。感ずべきことではないか。およそ人の勲功は、心と体との二つの骨折りによってできるものだ。骨を折って中途でやめなければ、必ず天の助けがある。古語に、「これを思い思いてやまざれば天これを助く」と言っているが、これを勤め勤めてやまなければ、また天がこれを助けると言えるだろう。世間で心力を尽して私心のない者が必ず成功するのはこのためである。いったい、いまの世の中に勲功が残って世界に有用なもので、後世にも滅びないで人のために賞賛されているものは、すべて前代の人の骨折りである。今日このように国家が富みかつ栄えかつ盛大なのは、みな前代の聖賢・君子が残した賜物で、前代の人の骨折りだ。君たちも骨を折れ、勉強をしろ。

二〇六　節　倹

翁はこう言われた。どんなに富貴であっても、家法を節倹にして、驕奢《きょうしゃ》にな
れることを厳重に禁止すべきである。奢侈《しゃし》は不徳の源で、滅亡の基である。
なぜならば、奢侈を欲するから利をむさぼる心が増長し、慈善の心がうすらぎ、自然に欲が深く
なり、吝嗇《りんしょく》に陥り、それから知らず知らず職業も不正になって行き、災を生ずるものだ。恐ろ
しいことだ。『論語』(泰伯篇)に「周公の才の美ありとも、奢り且つ吝《やぶさか》なれば、其の余は見る
に足らず」(たとえ周公の才の美があっても、奢りかつ吝嗇《けち》であれば、その他は見るに足りない)とあ
る。家法は節倹にして、自分でよくこれを守り、驕奢になれることなく、飯と汁、木綿着物は身
を助けるという真理を忘れてはならない。

何事も習性《ならいせい》となり、馴れて平常のこととなっては仕方がないものだ。遊楽に馴れればおもし
ろいこともなくなり、うまい物に馴れればうまい物もなくなるのだ。これは、自分で自分の歓楽
を減じているのだ。日々勤労する者は、朔日《ついたち》と十五日の休日も楽しみである。盆と正月は大きな
楽しみである。これは平日勤労に馴れているからだ。この道理を明らかにして、滅亡の原因を断
ち去るべきである。かつ若い者は、酒を飲むのも煙草を吸うのも、月に四、五度に限り、酒好き
や煙草好きになってはいけない。なれて好きになり癖になっては生涯の損が大きい。つつしまな
くてはならない。

二〇七　身を以って財を起すは不仁あらず

翁はこう言われた。『大学』に、「仁者は財をもって身を起こす」（仁の人は財を使ってわが身の修養に資する）と言っているのはよいが、「不仁者は身をもって財を起こす」（不仁の人は、身を犠牲にしてまで貨財を殖やす）と言っているのはどうだろうか。志のある者でも、仁心のある者でも、親から譲られた財産のない者は、身をもって財を起こすのが道ではないか。志があっても財がなければどうにもならない。発句に、

　　夕立や知らぬ人にももやい傘

とある。これが仁心の芽ばえである。身をもって財を起こしたとしても、この志があれば不仁者とは言えない。身をもって財を起こすのは貧者の道である。財をもって身を起こすのは富者の道である。貧者が身をもって財を起こして富を得たのちに、なお財をもって財を起こしたら、そのときこそ不仁者と言うべきだ。

善をなさなければ善人とは言えず、悪をなさなければ悪人とは言えない。だから不仁をしなければ不仁者とは言えない。どうして身をもって財を起こす者を一途に不仁者と言うことができようか。そこで私は常に聖人は大尽子《だいじんこ》だと言うのだ。大尽（金持ち）の子は、袋の中には自然に金があると思っている。自然に銭のある袋などあるはずがない。こういうことを言うのはみな大尽子の言である。また、『大学』には「人あれば土《ど》あり」ともある。本来をいえば、土があるから人のあることが明らかだ。それを、「人あれば土あり」という土は、よく肥えた土をさしている

のだ。烈公《れつこう》（徳川斉昭）の詩に、

土有りて土なし常陸《ひたち》の土
人有りて人なし水府《すいふ》の人

とあるのは、この意味だ。

二〇八　心は正平を尊ぶ

硯箱の墨が曲がっていた。翁はこれを見て、こう言われた。すべて事を行なう者は、心を正しく平らに持つように心がけなくてはいけない。たとえばこの墨のようなものだ。だれも曲げようとして摺《す》る者はないが、手の力が自然に傾くので、このように曲がるのだ。いまこれを直そうとしても容易には直らない。万事そのとおりで、喜怒・愛憎ともに自然に傾くものだ。傾けば曲がるはずだ。よく心がけて、心は正しく平らかに持つがよい。

二〇九　三年父の道を改めざる事

ある人が尋ねて言った。「『論語』（学而篇・里仁篇）に『三年父の道を改めざるを孝となす』（父がなくなってから三年間、父のやってきたことを改めないでいくのが親孝行というものである）ということがあります。しかし父の道がよくなければ改めなければなりますまい」と。翁はこう言われた。「父の道が真実悪かったならば、生前によく諫め、または人に頼んでも改めさせなくてはならない。生前に諫めて改めることができなかったのは、不善とはいっても、真実の不善というほどのことではなかったことが明らかである。それをなくなるのを待って改めるのは、不孝でなくてなんだろう。没後にすぐ改めるならば、なぜ生前に諫めて改めないのか。生前に諫めて改めることもしないで、亡くなるのを待って改めるという道理があろうか」

二一〇　大久保忠隣君の事

翁はこう言われた。大久保忠隣《ただちか》侯が小田原城を拝領されたとき、家臣の某が諫めて、「当城は北条家の築造で、代々の居城でございますから、拝領なされても、当城の守護とお考えになって、本丸の住居は御遠慮になったほうがよろしゅうございましょう。拝領になられたとはいえ、拝領とお考えになられるときは、御為にいかがかと存じます。また城の内外とも御手入れなどせず、まずそのままに置かれますように」と献言したが、忠隣侯は剛強の性質であったから、「たとえ北条の居城であったにしても、北条が築造した城であったとしても、いま忠隣が拝領したのだ。本丸に住居して何のさしつかえがあろう。城の修理に何の憚《はばか》るところがあろう」と言って聞き入れられなかった。その後、行き違いがあって改易《かいえき》の命があった。これは嫌疑によるものではあるが、そのもとは気質が剛強に過ぎて遠慮がないからであった。熊本城も本丸には住まず、水戸城も佐竹丸には住居しないと聞いている。何事にもこの道理がある。心得べきことだ。

二一一　一得一失

翁はこう言われた。物に一得あれば一失あるのは世の常だ。人間の衣服というものははなはだ煩わしいもので、夏の暑いときにも冬の寒い折にも、糸を引き、機《はた》を織り、裁縫・すすぎ洗濯、いつも休むときがない。禽獣には生まれついての羽毛があって寒暑をしのぎ、生涯損ずることもなく、染めなくても彩色があって、世話がないようではあるが、蚤《のみ》・虱《しらみ》・羽虫《はむし》などが羽毛の間に生じて、これを追うのに暇がないところを見ていると、人間の衣服の、ぬぐのも着るのも自在であって、すすぎ洗濯の自由であるのに及ぶものはない。世間で人をうらやむというのも、たいていはこういうたぐいなのだ。

二一二　殺生戒論

ある人が日光温泉に浴したところ、山中で他国の魚鳥を食うことは禁じてあるが、山中の魚鳥を殺すことは禁じてない。他の神山霊地などは、境内に近い沼地・山林で魚鳥を殺すのを禁じているが、これは料理場を遠ざける意味で、耳目の及ぶところで生物を殺すのを嫌うのである。ところが日光温泉の掟《おきて》はこれに反対で、山中の殺生は禁じないで、他境の魚鳥は禁じている。これは山神の意志によるものだという。その人は、「これは道理にあわないことではないでしょうか」と言った。それに対して翁はこう言われた。仏教は殺生戒《せっしょうかい》を説くが、実は不都合なものだ。天地は死物ではなく、万物もまた死物ではない。そういう生世界に生まれて殺生戒を立てるが、何で生きていくことができよう。生きていくのは生物を食するからだ。死物を食して、どうして生きていけよう。人はみな禽獣・虫魚、飛んだりうごめく物を殺すのを殺生といって、草木や菓穀を殺すのが殺生であることを知らない。飛んだりうごめく物を生物といって、草木・菓穀は生物ではないとするのか。鳥獣を殺すのを殺生といい、菓穀を煮るのを殺生ではないとするのか。それなら木食行者《もくじきぎょうじゃ》（穀断ちした僧）といっても、秋山の落葉を食して生きていられようか。されば殺生戒というものの、自分と類の近い物を殺すのを戒めて、類を異にする物を殺すのを戒めないのだから不都合なものである。したがって、殺生戒というべきではなく、殺類戒というべきものだ。

すべて人道というものは自己本位に立てたものだから、窮極のところを推しつめると、みなこういうことになるので、ふしぎはない。さて日光温泉は深山である。深山などでは昔の遺法が残るものであるから、自己本位に立てた昔からの遺法であろう。かつ深山は食料に乏しい。交通の便のよい所とは違うから、昔は食物を得るのを善としたので、こういうことになったのだろう。あやしむことはないのだ。

二一三　分　度

翁はこう言われた。学者は書を講ずることはくわしいが活用することを知らない。むやみに、仁はしかじか、義はしかじかという。だから社会の用に立たず、ただ本を読むだけで、道心法師が読経するのと同じだ。古語（『論語』堯曰篇）に「権量を謹み法度《ほうど》を審《つまび》らかにする」（はかり・ますを正しくし、法度を定める）とあるが、これは大切なことだ。これを天下のことばかり思うから用に立たないのだ。天下のことはさしおいて、銘々が自分の家の権量を謹み、法度を定めることが肝要だ。これが道徳経済のもとである。家々の権量とは、農家ならば家株田畑、何町何反歩、この作徳何十円と調べて分限を定め、商家ならば前年の売徳金《うりとくきん》を調べて本年の分限の予算を立てる。これが自分の家の権量、おのが家の法度である。これを定めて、これを慎んで越えないのが家をととのえるもとだ。家に権量なく法度なくて、どうして永続できようか。

二一四　老中の家臣不法の事

老中の某侯の家臣が市中であれこれと横暴な行為があったので、横山平太がこれを非難した。そのとき翁はこう言われた。執政は政事が始まる所で、国家を正しくして不正をなくす職であるのに、その家僕がその威をかりて不正を行なうことがしばしばある。たとえば、町奉行の奴僕らが両国や浅草へ出かけて、「おれの法被《はっぴ》を見ろ」などと威ばりちらすのと同じだ。国を正しくする者が家を正しくすることができないようにみえるが、これは家政が行きとどかないのではなく、勢いがそうさせるのだ。あの河水を見なさい。水の低きに下る勢いは、国家の政事が駅伝よりも早く行なわれるようなものだ。そして水流が急で、あるいは岩石にあたり、あるいは石倉にあたるところは、急流が変じて逆流となる。老中の権威は、たとえてみれば、この急流の水勢を防ぐことができないのに同じだ。家僕らに法を犯す者があるのは、急流があたって逆流になるようなものだ。これは自然にそうなるのだ。とがめることはない。

二一五　酒宴法

翁は折々疲労をとるために酒をのまれた。そして言われた。「銘々酒量に応じて、大中小好きな盃をとって、自分で酌をしなさい。盃のやりとりをしてはいけない。これは宴を開くのではなく、疲れをいやすためだからだ」と。ある人が言った。「わが社中は、これを酒宴の法とするがよい」

二一六　丸の字の事

翁はこう言われた。丸の字に一点を加えて丸の字を作ったのはおもしろい。〇はすなわち十である。十はすなわち一である。

元日やうしろに近き大三十日《みそか》

という俳句があるのは、この意味だ。禅語には、これに似た語が多い。この句は、「うしろに近き」を「うしろをみれば」とすれば、いっそうおもしろかろうか。

二一七　聖人大欲の事

翁はこう言われた。世の人はみな聖人は無欲だと思っているがそうではない。実際は大欲で、その大は正大である。賢人はこれに次ぎ、君子はこれに次ぐ。凡夫のごときは小欲のもっとも小さなものである。学問はこの小欲を正大に導く術のことをいう。大欲とは何かといえば、万民の衣食住を充足させ、人身に大きな幸福を集めることを願うのだ。その目標は、国を開き物を開き、国家を治め、大衆を救済するにある。だから聖人の道を究明すると、それは国家を治め、社会の幸福を増進することだ。『大学』や『中庸』にそのことが明らかにみえている。その願うところは正大ではないか。よく考えてみよ。

二一八　仁義礼智の事

門人の某は居眠りの癖があった。それで翁はこう言われた。人の性《せい》は仁義礼智である。下愚《かぐ》の者でもこの性がないことはない。おまえたちも必ずこの性があるから、智がないということはない。それを無智であるのは磨かないからだから、まず道理の片はしでも弁《わきま》えたい、覚えたいと願う心を起こすがよい。これを願を立てるというのだ。この願を立てれば、人の話を聞いて居眠りはできなかろう。

仁義礼智を家にたとえれば、仁は棟《むね》、義は梁《はり》であり、礼は柱、智は土台である。だから家の講釈をするのに、棟梁柱土台といってもよい。家を作るには、まず土台をすえ、柱を立て、梁を組んで棟を上げるように、講釈だけするには仁義礼智といえばよい。これを実行するには、智礼義仁の順序で、まず智を磨き、礼を行ない、義を踏み、仁に進むべきだ。それゆえ『大学』には、智をきわめることを初歩としている。瓦は磨いても玉にはならない。しかし幾分かの光を生じ、かつなめらかにはなる。これは学びの徳である。また無智の者はよく心がけて、馬鹿なことをしないようにするがよい。生まれつき馬鹿でも、馬鹿なことさえしなければ馬鹿ではない。智者でも馬鹿なことをすれば馬鹿であろう。

二一九　一村の難儀を解かれし事

ある村の名主が押領《おうりょう》したというので、村中の者が寄り集まって、口の達者な者に頼んで訴え出ようと騒ぎ立てた。翁は、その村の重立った者二、三人を呼んで、「押領をどのくらいしたか」と聞かれた。「米二百俵余になりましょう」という答であった。翁は言われた。「二百俵の米は少なくはないが、金にかえれば八十円である。村民九十余戸に割れば一戸九十銭に足りない。また村高に割れば一石に八銭である。ところが名主・組頭は持高が多い。ほかに十石以上の所有者は三十戸であろう。その他は三石・五石で、無高の者もあろう。こういう者には押領分が返済されても取る物もなく、たとえあってもわずかな金である。それをかように騒ぎ立てるのは大損ではないか。この事件については確証があったとしても、地頭の用役に関係があるというから容易には勝てまい。たとえ勝ったとしても入費は莫大だ。寄合《よりあい》のひまつぶしや、銘々の内々の損までを計算すれば大損になることは目に見えている。なぜなら、まだ出訴しないうちに数度の寄合や下調べなどのために費やした金が少なくない。そのうえ、かれは旧来の名主だ。これをやめて跡に名主にする人物はだれなのか。私が見渡したところでは、これと指すべき者も見えない。これはよくよく思慮すべきところだ。だから、今後押領ができないように厳重な方法を立てて、すべて通い帳にして、役場の帳簿法を改正するようにするから、できれば名主もそのままにしておくことがよかろう。そのままにしておけば、給料を半分に減じて、半分を村へ出させよう。押領米のつぐない方は私に別に工夫がある。字《あざ》なにがしの荒地は、これこれの所から水を引けば田となろう。この地に一村の共有地二町歩ほどの良田ができる。ここを開拓させるから、出訴をやめて賃銭を取るがよい。そのうえ、寄合をするひまに、共同して耕作すれば、秋には七、八十俵の米は受けあえる。来秋は八、九十俵、来々年は百俵とれよう。三ヵ年間は一同で分配し、四年目より開拓料を返済しなさい。返済がすめば一村の永久の土台田地として方法を立てるがよい」と懇々と説諭された。

やがて村中一同が了承したという知らせがあった。翁は自身で集会場へ臨み、説得に従ったことを賞讃して酒肴《しゅこう》を与え、かつ、「右の開拓は明日早朝より取りかかり、賃銭はこれだけを払おう。遅れるな」と告げられた。一同は非常に感謝し喜んで退散した。名主の某も、五ヵ年間無給で精勤したいと申し出た。翁は、「一村にとっての大難を、わずかの金で買うことができた。安いものだ。こういう災難があったら、あなた方も早く買い取るがよい。一村が修羅場に陥るはずのところを、一挙に安楽な国に引き止めた。高徳の僧の功徳にもまさろう」と言って喜ばれた。翁が金員を投じ、無利息金を貸して、紛争を解決されたことは枚挙にいとまがない。いまその一つを記した。

二二〇　浄不浄の論

翁はこう言われた。お前たちも勉励せよ。今日隅田川にかかる永代橋《えいたいばし》の上から眺めていると、肥取船《こえとり》に川水を汲み入れて肥《こやし》を増しているのだ。まことに人々の最も嫌う肥を取るばかりでなく、こういう汚物すら増せば利益のある世の中だ。まことに妙ではないか。すべて万物は極端に不浄になれば必ず清浄に帰り、清浄が極まれば不浄に帰る。

寒暑・昼夜が回転して止《や》まないのと同じだ。すなわち天理だ。すべての物はそうなのだ。されば世の中に無用の物というのはないのだ。農業は不浄をもって清浄に替える妙術だ。人が馴れて何とも思わないだけのことだ。よく考えれば、まことに妙術というべきで、尊ぶべきだ。私の方法もまたそうだ。荒地を熟田にし、借財を無借にし、貧を富にし、苦を楽にする方法だからである。

二二一　仏道の事

ある人が言った。「親鸞は、末世の僧侶は戒行《かいぎょう》を保ちがたくなることを察して肉食《にくじき》・妻帯を許した。これはすぐれた見識というべきだ」と。翁はこう言われた。「おそらくは違っているだろう。私は仏道のことは知らないが、たとえてみれば田地の用水堰《せき》のようなものだろう。用水堰は米を作るべき地を潰して水路としたものだ。そのように、人の欲するところを潰して法の水路として衆生を済度しようとする教えであることは明らかである。人間は男女があって相続するのだから、男女の道は天理自然であるが、法水を流すために男女の欲を潰して堰路としたのだ。肉身であるから肉食するのも天理であるが、この欲をも潰して法水の堰路としたのだ。男女の欲を捨てれば、それにつれて惜しい欲しいの欲念も、憎い可愛いの妄念もみな消滅するだろう。この人情の捨てがたいものを捨てて堰のかわりとすればこそ法水は流れるのだ。だから仏法は肉食・妻帯しないところを流伝して万世に伝わるものであろう。仏法が流伝するところは、肉食・妻帯しないところにあろう。それを肉食・妻帯を許して法を伝えようとするのは、水路を潰して稲を植えようとするようなものだと、私はひそかに恐れている」

二二二　謀計機巧を忌む

ある人が言った。「毛利元就《もうりもとなり》が言ったといぅが、万事につけ思ぅ半分も成就しないものである。中国地方の支配者となろうとしてやっと一国の君主になれるだろう。天下の支配者となろうと願ってやっと中国地方の支配者になれるだろう、と。これはまことにそのとおりだ」と。それを聞いて翁はこう言われた。「理屈はそうかも知れない。しかし、それは乱世の大将の志で、わが門では賞讃しないところである。舜《しゅん》や禹《う》が帝王になったのは、帝王になるのを願ったのではなく、ただ一途に勤むべきことを勤めたまでだ。親に仕えては親のために尽し、君に仕えては君のために尽し、耕稼陶漁《こうかとうぎょ》（畑を耕作し、陶器を焼き、魚をとる）、すべての仕事について尽しただけだ。舜が歴山にあるときも、禹が舜に仕えたときも、帝王となることを願ってそうしたのではない。自分の身のあることを忘れ、ただ君親のあることを知っていただけだ。古書（『書経』）に舜や禹のことを記したのを見て知るがよい。こういうふうにならなければ、一家・一村でもみなの歓心を得ることはむつかしく、よく治めることは困難だ。たとえば家を取ろうと思って家を取り、村長となろうと願って村長となるなどは、その家、その村はきっと治まらない。なぜなら、こうしようと欲してすれば謀計《はかりごと》や細工を用いるからだ。謀計や細工を用いれば、衆人の恨みが集まるところとなるので、いったんは勢いに乗じて智力を用いて成功するとしても、どうして長続きがするだろうか。どうしてよく治まるだろうか。これはわが門では戒めているところだ。東照公（徳川家康）は、国を治め民を安んずるのは天理であることを知って一途に勤めたと仰せられている。乱世でさえこう言われているのだ。敬服すべきではないか。富商の番頭がその主家のために忠実に尽して、ついに聟《むこ》となり、主人となるものが多い。商家では、家を愛することが、堯や舜が天下を愛するのと同じであるから、そうなるのだ。

二二三　年飢えて用足らずの解

翁はこう言われた。『論語』（顔淵篇）に、「哀公が孔子に尋ねて、『凶年で財用が不足しているが、どうしたらよかろう』と言われた。孔子が答えて、『どうして十分の一税法を用いないのですか』と言った。哀公は、『二にしてもなお足りないのに、どうして十分の一税法など実施できようか』と。孔子は答えて、『百姓《ひやくせい》が足りていれば、君はたれとともに足りないと言われるのでしょう。百姓が足りなければ、君はたれとともに足りると言えるのでしょうか』と言った」とある。

これはむつかしい理屈だが、たとえてみれば、鉢植の松が肥料が足りなくて枯れそうになっている。これをどうしようというときに、「なぜ枝を伐《き》らないのですか」と答えたのと同じだ。そこでさらに尋ねて、「このままでさえ枯れそうなのに、どうして枝を伐るのか」と言うのに、「根が枯れなければ、木はたれとともに枯れたと言えましょう」と答えたようなものだ。実に疑いも生じない問答だ。

いったい日本は六十余州の大きな鉢だ。大きいけれど、この鉢の松に養分が不足したときには、無用の枝葉を伐り捨てるより外に方法がない。人の身代も、銘々一つずつの小鉢だ。暮らしかたが十分でないなら、すぐに枝葉を伐り捨てるがよい。このときに、これは先祖代々の仕来《しきた》りだ、これは家風だ、これは親が心をこめて建てた別荘だ、これは特別に大事にしていた品物だなどと言って、無用の枝葉を伐り捨てることを知らないと、たちまち枯気がつくものだ。すでに枯気がつくと、枝葉を伐り捨てても間に合わないものだ。これは特に富有者の子孫が心得なくてはならないことだ。

二二四　奢を禁ず

翁はこう言われた。村里の衰えを復興するには、財を投じなければ人々が動かない。その財を投ずるには投じ方がある。それを受ける者が恩に感じるようでなければ益がないものだ。天下は広いから善人は少なくないが、悪習を洗いおとし、廃村を復興することができないのは、いずれもその方法が誤っているからである。すべて、村の長となっている者や、事業の中心になる者は、必ずその村の富者である。たとえその人が善人で、よく仕事をするとしても、自然、驕奢な生活をしているから、恩を受ける者は恩と思わず、ただその奢侈をうらやんで、自分の驕奢を止めず、分限を忘れるという過失を改めないから、益がないのだ。

そこで村の長となろうという者は、謙虚で誇らず、倹約で奢《おご》らず、慎んで分限を守り、余財は人に譲って、村の害を除き、村益を起こし、窮乏を救えば、村人はその誠意に感じて、驕奢を欲なれば、すたれた村を興し、悪習を一洗することができるものだ。こうず、粗衣・粗食を嫌わず、分限を越す過ちを恥じ、分限内で生活することを楽しみとする。勤労を嫌わする心も、富貴をうらやむ思いも、救済や減税を欲する気持も、ことごとく消えて、

二二五　譲

翁はこう言われた。『論語』（顔淵篇）に「己に克って礼に復れば、天下仁に帰す」（自己にうちかって礼の規則にたちかえることができたら、天下の人々はこの仁徳になびき集まるであろう）といっている。これは道の大意である。人が自分勝手のことばかりせず、私欲を去って、へりくだって分限を守り、余りがあれば譲る道を行なえば、村の長ならば一村が服しよう。国主ならば一国が服しよう。また馬士《まご》ならば馬が肥えよう。菊作りならば菊が美しく咲こう。

釈迦は王子であったが、王位を捨てて鉄鉢《てっぱつ》一つと定めたからこそ、今もこのように天下にその教えは充満し、賤しい山男も尊信するのだ。これは私が説くところの、分を譲る道の、大きなものである。すなわち、己に克つ功によって天下がこれに帰したのだ。すべて人の長となろうという者は、どうしてこの道に依らないのか。私は常にこう言っている。村長および富有の者は、常に粗服を用いるだけでも、その功徳は計り知れない。衆人のうらやましがる気持をなくすからだ。まして分限を引いて、よく人に譲る者はなおさらのことだ。

二二六　碑石を立つる勿れ

伊藤発身《はつみ》が言っていた。「翁の病気が重くなって、門人がその左右にいたとき、翁はこう言われた。『私は間もなく死ぬだろう。私を葬るに分を越えたことをしてはいけない。墓石を立てることはするな。碑も立てるな。ただ土を盛り上げて、そのかたわらに松か杉を一本植えておけばそれでよろしい。必ず私の言うことにたがうな』と。忌明《きあけ》になったら遺言どおりにするがよいという者もあり、また、遺言はあっても、それでは弟子として忍びがたいから、分に応じて墓石を立てるべきだという者もあって、議論がまちまちであった。結局石を建てたのは、未亡人の意見に賛成する者が多かったからである」

二二七　我が為になるか、人の為になるかの二

翁はこう言われた。仏教家は、この世は仮の宿で、来世こそ大切だというが、現在君親もあり、妻子もあるのをどうできよう。たとえ出家遁世して、君親を捨て妻子を捨てても、この身体のあるかぎりどうにもならない。身体があれば、食と衣の二つがなければしのぐことができず、船賃がなければ海も川も渡ることができない世の中だ。だから西行《さいぎょう》の歌に、

捨て果てて身はなきものと思えども
　雪の降る日は寒くこそあれ

といっている。これが実情だ。儒道（『論語』顔淵篇）では、「礼に非ざれば視《み》ることなかれ、聴くことなかれ、言うことなかれ、動くことなかれ」と教えるが、通常おまえたちのうえでは、そ

れでは間に合わない。それゆえ私は、自分のためになるか人のためになるかでなければ、視るな、聴くな、言うな、動くなと教えるのだ。自分のためにも人のためにもならないことは、経書《けいしょ》にあろうが経文《きょうもん》にあろうが、私はとらない。だから、神道とも儒道とも仏道とも違うことがあろう。これは私の説が間違っているのではない。そこをよくよく玩味しなさい。

二二八　山林仕立法、但人を用うる事

翁が山林に入って材木を検査したことがある。そのとき、挽《ひ》き割った材木の真《しん》の曲がったのをさして諭して言われた。この木の真はいわゆる天性である。天性このように曲がっているが、曲がった内の方へは肉が多くつき外の方へは少なくついて、生長するにつれて、およそまっすぐな木になった。これは空気に押されたからだ。人間が世間の法に押されて、生まれつきをあらわさないのと同じことだ。それだから材木を取るには、木の真を出さないように墨縄をひくのだ。真を出すと、必ず反《そ》り曲がるものだ。それゆえ上手な木挽《こびき》が材木を取るように、よく人の性を出さないようにすれば、世の人もみな用に立つだろう。真を出さないようにするというのは、へつらい者もへつらいを出さず、悪知恵者も悪知恵を出さないように、真を包んで、まっすぐなのは柱とし、曲がったのは梁とし、太いのは土台とし、細いのは桁《けた》とし、美しいのは造作の料に用いて、あまりものがない。人を用いるにもこういうようにすれば棟梁《とうりょう》の器《うつわ》といえよう。また、山林を仕立てるには、苗を多く植えつけるがよい。苗木が茂れば、友育ちで生育が早い。育つにつれて木の善悪を見て

抜き伐りをすれば、山中がみな良材になるものだ。この抜き伐りをするのに心得がある。多くの木にぬきん出て生長したのと、おくれて育たないのとを伐り取るのだ。世の人は、育たない木を伐ることは知っているが、すぐれてよく育った木を伐ることを知らない。たとえ知っていても伐ることができないものだ。また、この抜き伐りが手おくれにならないように、早く伐り取ることが肝要だ。おくれれば非常に害がある。一反歩に四百本あれば、三百本に抜き、また二百本に抜き、大木になったら、また抜き去るがよい。

二二九　至理万国同じ

翁はこう言われた。天地は一物であるから、日も月も一つである。だから人の守るべき道も二つはない。真理は万国みな同じであろう。ただ真理をきわめないのと、尽さないのとがあるだけだ。それを、諸道はそれぞれ道が異なるということで争うのは、おのおのが範囲を狭くし、垣根をはりめぐらして、境を隔てるからだ。ともに三界城内に立てこもった迷者といってよかろう。この垣根を見破って、そのあとで道を論ずべきだ。この垣根の中にこもっての論は、聞いても益がなく、説いても益がない。

二三〇　我道卑近を尊ぶ

翁はこう言われた。老子や仏家の教えは高尚である。たとえていえば、日光・箱根などの山岳のけわしくそびえ立っているようなものだ。雲水は美しく、風景は楽しむべきだが、生民のためには効用が少ない。私の道は、平地村落のひなびているようなものだ。風景に美しいものもなく、雲水の楽しむものもないが、すべての穀類が湧き出《い》ずるところで、国家の富源はここにあるのだ。仏家の名僧の清浄なことは、たとえば浜の真砂《まさご》のようだが、私の方は泥沼のようだ。しかし蓮花は浜の砂には生じないで汚れた泥土に生ずる。大名の城のりっぱなのも、市中の繁華なのも、財源は村落にある。これで、まことの道は卑近にあって高遠にはなく、実徳は卑近にあって高遠にはなく、卑近は決して卑近ではない道理を悟るべきだ。

二三一　神五分儒仏二分五

翁はこう言われた。「私は久しく考えて、神道は何を道とし、何が長所で何が短所であるか、儒道は何を教えとし、何が長所で何が短所であるか、仏教は何を本《もと》とし、何が長所で何が短所であるかを考えたが、みな相互に長短がある。私の歌に、

世の中は捨《す》て足代木《あじろぎ》の丈くらべ
それこれともに長し短し

といったのは、慨歎にたえないからである。そこでいま、それぞれの道の専門とするところをいうと、神道は開国の道であり、儒学は治国の道であり、仏教は治心の道である。私は高尚を尊ばず、卑近をいとわず、この三道の正味だけを取ったのだ。正味とは、人間界に大事なことをいう。大事なことを取って、大事でないことを捨てて、人間界無上の教えを立てた。これを報徳教とい

う。たわむれに、神儒仏正味一粒丸《いちりゅうがん》と名づけた。その功能の広大なことは数えきれない。国家に用いれば国病が癒《なお》り、家に用いれば家病が癒り、そのほか荒地の多いのをわずらう者がのめば開拓ができ、負債が多いのをわずらう人がのめば返済ができ、資本がないのをわずらう人がのめば資本を得、家がないのをわずらう人がのめば家屋を得、農具がないのをわずらう人がのめば農具を得る。そのほか貧窮病・驕奢病・放蕩病・無頼《ぶらい》病・遊惰病など、のめば必ずなおる」と。衣《きぬ》笠《がさ》兵太夫《ひょうだゆう》が神儒仏三味の分量を尋ねたとき、翁は言われた。「神が一匕《さじ》、儒仏半匕ずつだ」と。ある人がそばにいて、これを図にして、「三味の分量は

このようなものですか」と問うと、翁は笑って言われた。「世の中にこんな寄せ物のような丸薬があるものか。丸薬といえば、よくまぜあわせて、何物とも少しも分らないようになる。そうならなければ、口の中へ入れると舌にさわり、腹中に入ると服合《ふくあ》いが悪い。よくまぜ合わせて、何品ともわからないようにすることが必要である。ははは」

二三二　因果と天命

ある人が尋ねた。「因果と天命との差別は何でしょうか」と。翁は言われた。「因果の道理がもっとも見やすいのは、蒔いた種がはえることだ。私は人に諭すのに、

米蒔けば米の草はえ米の花
咲きつつ米の実る世の中

という歌を示している。仏教では、種によって生ずる方から見て因果と言っている。しかし、これを地に蒔かなければ生じない。蒔いても天気を受けなければ育たない。だから種があっても天地の令命によらなければ生育もせず、花咲き、実りもしないのである。儒教はこの方から見て天命と言っているのだ。天命とは天の下知というようなものだ。悪人が刑を免れたのを見て、仏教では因縁がまだ熟しないと言い、儒教では天命がまだ降らないと言う。みな米を蒔いて、まだ実らないことをいうのだ。この悪人が捕縛《ほばく》されるのを見て、仏教では因縁が熟したといい、儒教では天命が到ったという。そしてこれを捕縛する者は、上意だという。この上意は天命というのに同じだ。借りた物を約束どおりに返すのは世間の通則だ。だから規則どおりに履行するのが定理《じょうり》であるのを、履行しないときには貸方が請求して、上命をもって規則を履行させる。そこになって身代限りとなる。仏教では、借りたという原因によって、身代限りとなったのは結果といい、儒教では、借りて返さないから身代限りの上命が降ったというのだ。ともに言語の上で少しの違いがあるだけだ。その道理に違いはないのだ」と。また尋ねて、「因縁とは何ですか」と言うと、翁はこう言われた。「因はたとえば蒔いた種だ。これを耕作培養するのは縁である。種を蒔いた因と、培養した縁とによって、秋の実りを得るのを果というのだ」と。

二三三　堯これを聞きて悦ぶ

翁はこう言われた。むかし堯帝は国を深く愛し、刻苦精励して国家を治めた。そこで人民は歌っていった。「井戸を掘って飲み、田を耕して食う。われわれは帝の力は少しもかりていない」と。帝はこれを聞いて喜んだという。歌うのを聞いて喜んだのは、堯の堯たるところだ。私の道は、堯や舜も憂えたという大道の分子である。だから、私の道に従事して、刻苦勉励して国を興し村を興し、窮乏を救うときがあっても、必ず人民は、われわれは報徳の力は少しもかりていないと歌うはずである。そのときに、これを聞いて喜ぶ者でなければ、わが仲間ではない。謹め、謹め。

『夜話』あとがき

ある人が言う。「この書はよく書かれていて敬服するが、文章の野鄙《やひ》なのは遺憾にたえない。堂々たる先師の言論を、どうしてこのように書かれたのか」と。私は答えて言う。「私はかつて聞いたことがある。わが国の文章というものはあやしいものだ。万国ともに、話す言葉と文章とは同じもので、口に述べれば説話となり、筆記をすれば文章になって、説話と文章と一致するのは万国一様だという。ところがひとりわが国だけは、説話と文章とが違うのは、最初に漢文に訓点をつけて読んだのを文法としたから、このような弊害を生じたもので、漢文ぶりなのを美とし、説話ぶりなのを卑しいものとする弊害を改めて、説話と文章とを一致させなければ万国に対して恥ずかしく、開明にも進みがたいという。実にもっともな論であろう。また雅言で書こうと思ったが、古人の言に、雅言はいかにくわしくても、物の味を甘い辛いと人に聞いたようなものだ。俗言の文は物の味を自分でなめて知るようなものだとある。まことによいたとえで、俗人に通じなければ仕方がない。かれこれ思い合わせて、どうしようかと思いわずらったが、先師の説法を筆記してあるから、説話のままに記すのがいちばん大切なことだろうと決意し、かつ自分の浅学・不才でみだりに筆を弄《ろう》すれば道を誤る恐れがあるから、なるべくそのままに記して違わないようにするのを趣旨としたのだ」と。

ある人がまた言う。「先師の説話は必ず夜とは限らなかろう。これは大道の教訓である。然るべき書名があるはずだ。それを『夜話』としたのはどうか」と。私は答えて言う。「私は不肖《ふしょう》で、かつ賤しい身分であるから、諸藩大夫《たいふ》たちの対話や堂々たる論議を聞くことはできない。私が聞いたのは重大な論議ではなくて、夜間打ちとけた、わが輩どもへの教訓で、小さな説話だけであるから夜話と名づけたのだ」と。

ある人がまた言う。「先師の門人ははなはだ多い。そのうち心を治め身を修め、家を斉《ととの》えた者は数かぎりない。一村を興し数村を復興し、数十村に及ぼし、郡国を治めて世に聞こえた者も少なくない。しかし教訓を筆記した人がない。それをあなたは五巻を筆記した。どうしてこう多くの教訓を聞いたのか」と。私は答えて言う。「私は不肖ではあるが、教訓を多く聞いたのでは同門の人におとらない。門人が師のもとにあるとしても、桜町でも東郷《あずまごう》でも、師の居所と門人の居所とは隔たっているから、あるいは二、三日、あるいは四、五日ずつも師の顔を見ないことがある。また師が他出のときは、十日、二十日間もいたずらに留守を守ることが多い。そして同門はみな帯刀者であるから、随行には不便である。私は帯刀しないから、どこの出張にも随行しないことはなかった。その旅宿の中で一番長かったのは東郷神宮寺《じんぐうじ》の仮宅である。このときの随従者は、波多《はだ》晁八郎と私と下男（川久保民次郎《かわくぼたみじろう》）とだけであった。私は若かったから学んで倦《あ》きることがなかったが、波多氏はすでに髪も半白で、持病があった。それゆえ春雨や梅雨のつれづれや、秋冬の長い夜には、師は退屈にたえられず、私に古書を朗読させて、心にかなうところがあれば、その章について講説があった。来た書状の開封にも、文案の執筆にもまた同様に説話があった。朝や夜の夜具の片づけ、茶飯《さはん》の給仕、夜は肩を打ち腰をもみ、出張には刀をかついでお供をして次席に侍《はべ》った。すべて教訓を多く聞いたのはこのためである。これが、私が不肖の身でこの書を記した理由である。しかし、いたずらにかすばかりを耳にとめただけではない。師の教訓は衆人に対して講義されたこともなく、必ず一両名に対して、その者を説諭されるか、あるいはある事についての教戒が他に及んだものである。それゆえ、その説話は必ず目的があった。たとえば甲を諭すために乙に向かって論破し、また乙のための説諭を一座の者に響かせ、内に諷諭《ふうゆ》して丁の心得にされるなど、時により所により、変化自在で、右に説き左に移し、前にあるかと思えば後にあるという教訓が多い。だからよくその意を取って記さないと、その深意は知りがたいものだが、私は不肖で、どうしてその深意を知ることができよう。かつ文になれず、十分の一もその深意を記すことができなかった。実に僭越《せんえつ》の罪はのがれがたく、ただおそれいるばかりである」と。

ある人がまた言う。「あなたが聞いたのは、この書で尽きているのか」と。私は答えて言う。「『富国捷径《ふこくしょうけい》』その他の著書にも記したから、およそは尽した。しかしまだ残っているのもあるから、折をみてまた記そう」と。ある人はまた言う。「あなたは教旨を論じて、神道一匕《さじ》、儒仏半匕ずつの調合法だと記している。岡田（良一郎）氏は、神儒仏によるのではなく、師の発明だと言っているが、これはどうか」と。私は答えて言う。「私が述べたのは、師の説話のままに記したのである。岡田の説は、師の心中を考察して言っているのだ。師の意中を察するときは、私も岡田と同じ説で、違いはないだろう。なぜなら、師は若年より天地間の道理において、考えないものはないほどに、考え尽されたであろう。だから三道によらないで、師の発明であることは、言わないでも明らかだ。しかし、幕府の末世には法の取締りがきびしいのに畏縮《いしゅく》して、その説話はすべて三道の説によって説かれ、三道によりどころがなく、古人に説がないことは口外されなかったことが多いと思われるからだ」と。

ある人がまた言う。「孔子は大聖で、堯・舜にもまさったという。その道は公明正大で完全である。それすらも取捨されたのか」と。私は答えて言う。「取捨がないわけはない。日本国は皇統が一系で、万国に無比である。かの国には受禅《じゅぜん》（天子の位を有徳者に譲ること）があり、放伐《ほうばつ》（徳を失った天子を追放すること）がある。取捨しないわけにはいかないではないか」と。

ある人がまた言う。「夜話はよろしいが、章段が入りまじって、道の全体をみるのに不便である。どうか報徳の道の全体を簡単に説き出していただきたい」と。私は答えて言う。「報徳学の全体を知るには、『報徳記』を熟読し、『夜話』を参考にすれば、自然に了解できよう。かつ『報徳外記』があり、『内記』がある。これらの要点をつまんで、少し述べよう。いったい報徳学というのは実行学である。普通の学問とちがって、実徳を尊んで実理を講明し、実行をもって実地に施し、天地造化の功徳に報ずるのを勤めとして、安心立命の地とする教えである。その天地に報ずる勤めは、内には天賦の良心を養成し、外には天地の化育を助成する、の二つである。概していえば道徳と経済とである。そこで道徳を土台とし、経済を働きとし、この二つを至誠の一つで貫くのを道とする。私は近ごろ子供たちに教えるのに、四要ということをもって教えている。四要とは、一誠・二行《こう》・三勤・四徳の四つをいう。一誠とは至誠、二行とは道徳と経済、三勤は勤・倹・譲、四徳は仁・義・礼・智である。また資産ある人、篤信の人には、五譲法・分度法・結社法がある。これを執行三法と名づける。みな道徳・経済を貫いた良法である。結社法は『富国捷径』に述べておいた。その目的とするところは、真理により真益を求め、社会に幸福を増進して、相ともに安全を得、道徳は性命を正し、日に新しく盛徳を期して昇天を願い、経済は主として物産を生み、富有大業を望み、永続を願い、一身・一家・一村・一郷の幸福を守り、貧富を和し、争いを止め、和大を保合するにある」と。

ある人が言う。「道の大意を岡田氏に聞くに、あなたの説とちがっている。どういうわけか」と。私は答えて言う。「私は昔聞いたのをそのまま述べただけだ。岡田は弘く洋学書を見て、これを引用している。今日の世の中としては、そうあるべきことだ。その説が洋書によっているから違っているようだが、よく玩味《がんみ》すれば違っているところはない。私が述べる一誠・二行・三勤・四徳のごときも、名は異なっているが、その意味は同じだ。私が道徳・経済と言っているところを、岡田は立徳・致富と言っている類だ。四徳の説になって、少し違っているようであるが、開智を先にしているのはまた同じだ。かつ岡田でも、仁・義・礼を捨てるのではない。だから根も幹も枝も違いはない。梢《こずえ》と葉とは、時・所・位によって相違があるのは当然のことだ」と。

ある人はまた言う。「道は高遠である。これを学ぶにはどういう方法があるか」と。私は答えて言う。「道は高遠ではなく平易である。空理ではなくて実地であるから、知りがたいとか行ないがたいということはない。それを世の人は惑って、知りがたく行ないがたく、高遠・深長で、たやすくは判らず、常人の及びがたいのを最高の道として、知りやすく行ないやすく、中正・平易なものが、かえって万世不易で、天下にこの上のない天道であることを知らない。師が、いたずらに高尚にのみ走るのを歎かれて立てられた道であるから、少しもむつかしいことはない。この道に入るには、道は高遠ではなくて卑近にあることを知るにある。最高の道は卑近にあることを知れば、実徳・実行の尊いことを知ることができよう。実徳・実行の尊いことをよく知れば、大半は了解ができよう」と。

ある人がまた言う。「『報徳手引草』の題辞に品川農商務大輔《たいふ》（弥次郎）の歌がある。

わけはかるのりの教えを守りつつ
誠の道を尽せ人々

この歌の意味は何ですか」と。私は答えて言う。「師が教えられた分度法の教えをよく守り、至誠をもってこの道を尽せという意である。この分度法というのは、師が発明・実行された良法であって、『夜話』のなかに、この法の説は限りなく出ている。よく熟読して参考にすれば了解できよう」と。

ちょうどこの巻（第五巻）を校合していたときであるから、くだくだしいのを忘れて、これを記して跋《ばつ》とする。あなかしこ。

明治二十年一月二十日

福住正兄識

二宮翁夜話続篇

一　天道と人道の別

翁はこう言われた。天道は自然に行なわれる道であり、人道は人が立てた道である。もとからはっきり別々のものであるのに、一つにするのはまちがいだ。人道は努力して人力で維持して、自然に流動する天道に押し流されないようにすることだ。天道にまかせておけば、堤は崩れ、川は埋まり、橋は朽ち、家は立ち腐れになる。人道はこれに反して、堤を築き、川をさらい、橋を修理し、屋根をふいて雨のもらないようにするのだ。身の行ないもまたこれと同じである。天道は寝たければ寝、遊びたければ遊び、食いたければ食い、飲みたければ飲むというようなものだ。人道は眠りたいのを努力して働き、遊びたいのを勇気をおこして戒め、食いたいうまい物も我慢をし、飲みたい酒もひかえて明日のために物を貯える。これが人道だ。よく考えなさい。

二　地獄の道は八方にあり

翁はこう言われた。忠臣蔵の定九郎のせりふに、「地獄の道は八方にあり」とあるが、実際八方にもあろう。しかし、ひとり地獄の道ばかりではない。極楽の道もまた八方にあろう。ただ念仏の一道だけではあるまい。どれから入っても、到達するところは同じ極楽だ。八方にある極楽の道には、たいらな道もあり、けわしい道もあれば、遠い道も近い道もあろう。私が教えるのは、たいらで近い道だ。無学の者、無気力の者は、ここから入るがよいのだ。

三　報徳金貸付法

翁はこう言われた。身体にどこか一ヵ所悩むところがあれば、そのために全身が病むのは人の知っているとおりだ。脳なり胃なり肺なり、みな同じだ。ひどいときには死ぬことにもなる。これは全身が一体だからだ。国家もまた同じだ。一家に負債があればそのために悩み、国が凶作であればそのために悩むのも、みな人が知っていることだ。それゆえ、身も家も国も、悩むところがないようにするのを、衛生といい、勤倹といい、また泰平を祈るというのだ。そして家に負債が多ければ、身体にも及んで神経を悩ますようになるのも、みな人が知っているとおりだ。

いまの世の中では奢りの生活が行なわれるので、この悩みが多い。この悩みがひどければ、家を失い身を失うことになる。まことにあわれなことだ。これを自業自得といえばそれまでだが、自業自得はその家の主人で、老幼婦女は道づれになるのだ。いたましいことではないか。これを救う道を考えると、私が立てた報徳金貸付の道が第一だ。なぜなら、この報徳金の貸付は、日輪(太陽)の神徳と同じだからだ。この功徳《くどく》の広大なことは、私が数年間心をつくして考え、数年間自分で扱って経験した法だからである。天地の万物を育てたまい、あまねく恵みたもう天地の徳にならった法だからである。

四　威ありて猛からず、恭しくして安し

翁はこう言われた。官禄や家格のある人が世に知られ人に用いられるのは、官禄や家格があるからだ。それがなくて世に知られ人に用いられる者は、賤しい職業の者といってもあなどることはできない。これは生まれつきすぐれた者だからだ。六尺や手廻りの頭《かしら》、雲助の頭などはそれである。先日、火事があった。私は火の見に上って見たところ、当時江戸で名高く人に知られた男伊達《おとこだて》として聞こえた某《なにがし》という者が、洗湯から上がって、ぶらぶら来たところ、火消が大勢どやどやと来かかって、そのうちの一人が、水たまりに飛びこんで、男伊達に泥をあびせて通り過ぎた。彼はにっこり笑って、「今日のことだ、こんなこともあろう」と言いながら、少しも怒る色もなく、そばの天水桶《てんすいおけ》で泥を洗って静々《しずしず》と歩き去った。その容体のおとなしいこと、「威ありて猛からず、恭《うやうや》しくして安し」(『論語』述而篇)というような姿で、言いようもなくりっぱだった。実に感服した。『論語』(子張篇)に、「君子に三変あり。これに望むに儼然《げんぜん》たり。これにつくに温なり。その言を聞くや厲《はげ》し」(君子の様子は三色に変わる。遠くから眺めるといかめしい。かたわらに寄ると穏やかである。

そのことばを聞くと厳しい）と子夏《しか》が言っているとおりで、こういう賤しい人間でもその容貌・言語の変わりかたがいちじるしい。賤民だからといって侮ってはならず、賤業だからといって賤しんではならない。

五 譲道

翁はこう言われた。「一村が千石の高で、戸数が百戸あれば、一戸は十石にあたる。これはその村に住む人の天命である。これより多い人は富者というべきだ。富者の務めは譲るということだ」と。すると門人の一人が進み出て言うことには、「私は村の中では天命にあたっています。私は足りることを知って、この天分に安んじて、勤倹を守り、年々不足なく暮しを立て、それで不足がないと思って、金をためて田畑を買うことはしません。これはその譲道にあたるのではないでしょうか」と。

翁はこう答えられた。「それは貧せずというまでのことで、どうして譲ということができよう。そういう論をなすのは老仏者流に多い。悪くはないが、いま一段上らなければ国家の用に立たない。さもなければ、どうして天恩や四恩に報いることができよう。勤倹して金をたくわえ、田畑を買い求め、財産を殖《ふ》やすばかりで、天命のあることも知らず、道に志さず、あくまでも財を殖やすことを望んで、自分一身のことにだけ費やす者は、いうに足りない小人で、その人の心は、物を奪いとるということにある。勤倹して金をたくわえ、田畑を買い求め、財産を殖やすところまでは同じでも、そこで天命のあることをよく知って、道に志し、譲道を行ない、土地を改良し、土地を開き、国民を助けてこそ、譲道を行なうというべきだ。こうしてこそ国家の用ともなり、報徳ともなるのだ。どうして貧せずというまでの者を譲者ということができよう」

六　譲道と富貴

翁はこう言われた。私の道は譲道を尊ぶ。譲道は富貴を永遠に保持する道で、富貴の者が怠ってはならない道だ。だから私の道は、富貴を永遠に維持する道だといってもさしつかえあるまい。だから富貴の者は、必ず私の道に入って、誠心をもって勤め、永遠の富貴を祈るべきだ。

七　家道の研究

翁はこう言われた。若い者はよく家道を研究すべきだ。家道というのは、分限に応じてわが家を維持する方法のことだ。家を維持するのはたやすいようだが、いたってむつかしいものだ。まず早起きから始めて、勤倹に身をならさなくてはいけない。それから農なり商なり、家業の仕方をよく学ばないで家を相続するのは、将棋《しょうぎ》にたとえれば、駒の並べかたもよく知らないで指すようなものだ。指すたびに負けて、結局は失敗するのは目に見えている。

もしやむをえないことがあって、この修業ができないで相続するようなことがあれば、親類や後見のよい人を師として、一々指図を願って、それに従うがよい。これは、将棋を一手ごとに教えをうけて指すのと同じで、そうすればまちがいがない。それを慢心して人に相談もせず、気ままに金銀を使えば、たちまち金銀を相手に取られるだろう。たとえば父のこしらえた家を相続するのは、将棋の駒を人にならべてもらったようなものだ。それを将棋の道を知らないで、自分勝手に指せば失敗するのは知れたことだ。『中庸』に、「愚にして自用を好み、賤にして自専を好み、今の世に生まれて古の道に反《そむ》く、かくの如くなれば、わざわい必ずその身に及ぶ」(愚かであるくせに自分の考えを通したがり、身分が賤しいくせに自分の思いどおりにしたがり、今日という時代に生きていて、古来のゆき方にそむく、このような身のほど知らずは、やがて彼じしん災にあうに違いない)とある。「今の世に生まれて古の道に反く」というのは、後世の子孫と生まれて、先祖数代の家を不足に思い、伝来の家具を不足に思い、先祖の家をくさしたり、勤倹の道にそむいて奢りにふけることをいうのだ。古人はこのように、ねんごろに戒めている。つつしまなくてはいけない。

八　毫厘千里

翁はこう言われた。毛の先ほどの違いがあれば、末には千里の差となるということがある。人はみな、これをたとえごとだと思っている。私が利倍帳《りばいちょう》を調べたときに、二ヵ年目の利息に永一文(一両の千分の一)の違いがあったところ、百八十年目になって、百四十一万九千八百九十五両永二百九十四文九分五厘の差となった。実に毫厘《ごうりん》千里というものだ。たとえではなく実際のことだ。恐るべきことである。

九　肉眼と心眼、肉耳と心耳

翁はこう言われた。肉眼で見れば見えない所があるが、心眼をもって見れば見えない所はない。肉耳で聞けば聞こえないところがあるが、心耳で聞けば聞こえないものはない。これは禅宗の人などが主張するところだ。世を治めるのも人を治めるのも、徳をもってするのと、法をもってするのとの差別もまたこのようなものだ。

一〇　財を惜しむ者、命を惜しむ者

翁はこう言われた。財を惜しむ者は、どんなに気の毒な人を見ても救ってやることができない。命を惜しむ者は、君主が国を治める才能がなくても強く諫めることもできず、また君の馬前に死ぬということもできない。こういう者は農事も十分にすることはできなかろう。農事は、天変・凶歳や風雨を恐れていては、十分に肥料をやり、力をつくすことはできないものだ。損害は天にまかせて、天下の農民は農業をしているのだ。それを仕官して君につかえている者はなおさらのこと、まして累代の仕官をしている者に、その心がけがなくてはならぬことだ。

一一　真の忠諫

翁はこう言われた。君を諫めて用いられないのを憤るのは、諫めて争うのではなく、憤って争うというものだ。真の忠諫《ちゆうかん》は、いったんは君の意に反して退けられても、失敗があればこの原因を自分に求めるという金言を師として、君が不明だからと言わず、自分の忠心が足りないことを責め、敬いの心と忠の心とをおこして、憤らず怨まず、つつしんでいれば用いられないということはない。それなのに、君を諫めて、用いられなければ君を怨み、憤りを含んで、君を不明というに至っては、どうして忠臣ということができよう。

一二　出入の者を諭す

翁の家に出入りする者がこう言った。「私は今日真岡《もおか》(栃木県)で聞きましたが、真岡と久下田《くげた》町との間の道は、敷地の幅が十一間あるということです。道は公地ですから、久下田町に米を運送して行った帰りに、その道ばたの草を刈って帰ろうと考えつきました」と。翁はこう言われた。

「おまえの屋敷は帳面では五畝歩だが、実際は一反余あろう。人が来て、おまえの屋敷の竹木を取ればどうするか、おまえはだまっているかどうか、よく考えてみるがよい。たとえ道路の敷地でも、自村と他村との区別がある。だから、そのようなことはいうべきではない。隣家の屋敷は広いからといって、余分の地の竹木を伐り取ろうというのは無道である。自分の屋敷には余分の地が多いから、竹木の入用の方は遠慮なく伐り取られてもさしつかえないと言ったならばよい。道ばたの草も、久下田町で道敷が十一間幅あるから、他村の人でも馬をひいてただ帰るのは損だから、草を刈ってつけて行ってもよろしいというならば、それもよい。しかし、こちらから、伐り取ってもさしつかえあるまいというのは悪い。よく考えてみなさい」

一三　芭蕉の句　翁はこう言われた。芭蕉の句に、

古池や蛙《かわず》飛びこむ水のおと

とある。この音はただの音と聞いてはいけない。有の世界から無の世界に入るときの音と観念して聞くべきだ。木の折れるときの音、鳥獣の死ぬときの声と同じだ。これを通常の水の音とすれば、この句もほめるところがない。

一四　貸借両全　ある人が言った。「私は借金も千円ありますが貸し金も千円あります。どうしたらよいでしょうか」と。翁はこう言われた。

「これはまことにおもしろいことだ。おまえが借り方に向かって言う気持で貸してある方に話し、貸し方に向かって言う気持で借りている方に談判したらよい。そうすれば両方うまくいくだろう」

一五　厩を離れた馬を静めし譬　宇津氏の馬が、厩《うまや》を離れて邸内をかけめぐって、人々が大騒ぎをしたときに、馬丁《ばてい》が出てきて、「静かにしろ、静かにしろ」と言って、飼葉桶《かいばおけ》をたたいて小声に呼ぶと、さすがにたけって走りまわっていた馬が急に静かになって飼葉についた。そのとき翁はこう言われた。おまえたち、よく心得なさい。世の中は何もむつかしいことは少しもないのだ。犬も、「来い来い」と言うばかりでは来ない。時々食事を

やって呼べばすぐに来る。茄子《なす》も、「なれなれ」と言ったからとてなるものではないが、肥《こやし》をやれば必ずなる。猫の背中も、毛並にそってなでてやれば知らないふりをして眠っているが、さかさになでると、一なでで爪を出す。私が桜町を治めたのも、この道理を法として、怠らず勤めただけだ。

一六　内済示談《ないさいじだん》の弊害

翁はこう言われた。人の争いごとを解決するのは道徳の一つで、世を救う一つではあるが、また一つ心得ておかなければならないことがある。訴訟の内済示談である。これは両方をよくする道ではあるが弊害も少なくない。私が桜町に来てみると、近郷で、この内済示談ということが盛んに行なわれて訴訟がはなはだ多い。まねをするだけでその原理をきわめていない。法を厳重にしてこれをおさえたならば、今の訴訟は幾分かは減少するだろう。なぜなら、この辺で内済のことの中に立つ人を見ると、必ず智力もあり弁才もあって、白を黒にし、黒を白にする悪智恵のある人で、表をかざって、こういうことを仕事のようにしている者がいる。この者は、弱い者を助け、強い者をくじき、訴訟を内済にして大勢の難儀を救うように見えるけれども、そっとその内情を聞き、よくよく観察すると、その紛争のもとは、この者のために発生していることが多い。村里に何か紛争が起きると、ときには過激なことを言って争わせ、ときにはおだやかに言ってなだめ、たえずその間を行ったり来たりして、利益と名誉とをねらう悪がしこい者がいる。ところが世間の人は、それがわからなくて、その人を尊んで用に立てるのだ。

むかし桜町にそういう悪がしこい者がいた。私がまずこの者を退けたところが、訴訟ごともきっぱりなくなり、すなおで善良な人が名主になることができた。そのような善い人が名主となれば、流れ者の貧しい者や独り者にいたるまで、みな利益を利益とすることができる。すべて国を治める者は、前に言ったような悪がしこい者を退けて、善良な民を大事にすることを勤めとすべきだ。人道はもともと人のつくった道だから、農夫が勤めて草を取るように、悪民を退けて良民を養わなければ、良民は立つことができない。良民が立つことができなければ、国家がおとろえるのは眼に見えている。

悪がしこい者は、たとえば雑草のようなもので、それが茂れば田畑は荒れる。それゆえ悪がしこい者の思うようになれば村里は衰微する。良民は、たとえてみれば稲のようなものだ。雑草を抜かなければ稲は栄えない。それゆえ悪がしこい者を退けなければ良民は苦しむのだ。雑草を抜いて稲を助けるのが農業だ。悪がしこい者を退けて良民を大事にするのが政事だ。農業を勤めるのは下《しも》の職であり、政事を勤めるのは上の職である。下の者がその職業を怠らなければ国は豊かになり、上の者がその職務をつとめれば国の費用に余りが生ずる。上下おのおのその職分を尽せば天下は泰平であろう。それゆえ、古人も、政事をするのは農民が田を作るようなものだと言っている。農業は雑草を除去して稲を肥やすことである。上の職務は悪がしこい者を退けて良民を育てるにあり、農民は雑草の害をなすことを知って、それを取り去るのを勤めとする。

悪がしこい者を愛して、これを重んずるのはあやまっている。悪がしこい者は、才力も弁舌も衆人よりすぐれ、そのうえ、よく世事になれ、上下の者に通じて、たえずこれをあやつって、事件を起こしては、またそれをしずめ、その中間に立って利益をひとりじめにするものだ。それを人々は知らないで、尊敬したり、用いたりするのはあやまっている。雑草を善とし美として、それに肥料をやるようでは、国家の衰えないことがあろうか。

一七　真菰の俵

翁はこう言われた。真菰《まこも》で俵を作ると、虫が食わないものだ。木綿を入れるに使うとよい。塵がつかなくてよい。

一八　惜しき強欲なる某

翁はこう言われた。某村の某という者は強欲《ごうよく》で、財産をためることにつとめて、隣りで苦しんでいる人があっても救わず、貧乏に困っている者がいても憐れみもせず、金を貸せば、むごい高利をむさぼり、村中に恨まれても気にかけず、その行ないはまことに憎らしいほどである。しかし、農事に力をつくすところを見ると、近郷で比べものがない。耕作・種まき・肥料のやり方など、時期にあい、春は原野で草を刈り、秋は山林で落葉をかき、夏は炎暑をいとわず、冬は雪霜にめげず、朝早く起き、夜はおそく寝て農事に尽力し、この上もない精農といえる。聖人や賢人に農業をさせてもこれ以上のことはできまい。作物のために力をつくせば、秋になって自分に利益のあることをよく知っていることは釈尊《しゃくそん》といえどもまたこれ以上ではあるまい。もしこの道理を人間道徳のことに用い、自分でよくやっている農術を人に教え、郷里のために真心をつくしたならば、聖人や賢人にも近かろうというものを、まことに惜しいことだ。この地の賢人ともいわれようものを、惜しいことだ。私は諭したけれども悟ることができなかった。惜しいものだ。

一九　大雨の心得

翁はこう言われた。大雨のときに井戸水があふれたら洪水があることを知れ。洪水のときは、天から降るだけではなく、地からも湧くかと思うほどに井戸水があふれるものだ。また川の流れにむいて風が吹くときは、大雨であっても洪水は少ない。川の流れに逆らって風が吹き上るときは必ず洪水がある。心得ておくがよい。

二〇　循環の理

ある人が言った。「彼岸《ひがん》という文字はもと儒書から出たものだと『梧窓漫筆《ごそうまんぴつ》』①（太田元貞の著）にありますが」と。そこで翁は言われた。「文字の出所は知らないが、その言葉は仏意だ。なぜなら、この岸を離れて彼の岸に到るということだからだ。寒より暑に到るのを春の彼岸といい、暑より寒に到るのを秋の彼岸という。いま一本の草でたとえてみよう。春の彼岸は種の岸を離れて草の岸に到るものであり、秋の彼岸は草の岸を離れて種の岸に到るものだ。すべてのものは、こちらの岸を離れなければ向うの岸に行くことはできない。それゆえ草から草が生ずることもなく、種から種の生ずることもない。あるいは草となり、あるいは種となって、すべての草はつづいていくのだ。これがいわば循環の理というものだ。だから彼岸は仏意であることが明らかだ。この季節に祖先を祭ることのおこりは、儒教も仏教も同じ考えによるものだろう」

二一　薄運か神明加護なきか

ある人が言った。「私は薄運なのか、神明の加護がないのか、することはうまくいかず、思うことは食いちがってしまいます」と。翁は諭して言われた。「おまえはまちがっているのだ。運がよくないわけでもなく、神明の加護がないわけでもない。それが神明の加護であり、運がよいということなのだ。ただおまえの願っているところと、することとがちがっているのだ。おまえは瓜をうえて茄子《なす》が欲しいと思い、麦を蒔いて米を望んでいるのだ。願うことができないのではなく、できないことを願っているからだ。そして神明の加護がないと言ったり、薄運だと言っているのだ。それはまちがいではないか。瓜を蒔いて瓜がなり、米を蒔いて米が実るのは、天地日月の加護である。されば、悪いことをして刑罰をこうむり、不善のことをしてわざわいの来るのは、天地神明の加護で、米を蒔いて米ができるのと同じことだ。それを神明の加護がないというのはまちがいではないか」

二二　その先知神の如し

翁は天保三年（一八三二）に桜町陣屋の支配地の畑の租税を免除して、一町歩につき二反歩ずつの割合で稗を蒔かせ、非常用の貯えとされたところ、翌四年は凶作で貯えておくまでもなく用に立ち、また同六年に同じように稗を蒔かせられたが、その翌七年は大凶作であった。それからは貯穀の命を下されなかったが、弘化二年（一八四五）にまた急に食料の用意と貯穀とを命じ、稗を蒔かせられたところ、同年は違作で、またまた貯えておくまでもなく用に立った。翁が予知されるのは神のごとくであった。

二三　家業と欲との別

翁はこう言われた。世間の人には、家業と欲とを混同して、その区別を知らない者がある。それゆえ家業に精を出すのを欲が深いと思うのだ。それは大きな誤りだ。家業は精を出さなければならないもので、怠ってはすまないものだ。欲はそれとはちがって、押えなくてはならないものだ。人にはみな家の業がある。役人が国のために尽力するのも家業に精を出すことだ。教師が教育にはげむのも家業に精を出すことである。僧侶が戒律をよく守るのも家業に精を出すことであり、医師が病人のために心力をつくすのも家業に精を出すことである。農・工・商もみな同じだ。よく心得て、二つを混同してはいけない。

二四　我が道はまず心田の荒蕪を開く

翁はこう言われた。私の生涯の仕事は、すべて荒地を開くことを勤めとした。そして、荒地には数種類ある。田畑の荒れたのがあるが、これは国家の荒地だ。また借金が多くて家の財産を利息に取られ、家産がありながらないと同じものもある。これは国家のためには生地であるが、その人のためには荒地である。また土地が悪くて、年貢や村入用だけの収穫で、作益のない田畑もある。これは上のためには生地であるが、下のためには荒地である。

また身体が強健でいながら怠けて日を送る者がある。これは他人のためにも自分のためにも荒地である。資産もあり金力もありながら国家のためになることをせず、いたずらに奢りにふけって財産を費やす者がある。これは世間の大きな荒地である。また智もあり才もありながら遊芸を事として、琴棋書画《きんきしょが》などを弄《もてあそ》んで、世のためを考えずに生涯を送る者もある。これも世の中の荒地だ。これら数種の荒地は、そのもとは心が荒れているところから出るものだから、私の道は、まず心田の荒地を開くのを先とする。心田の荒地を開いたのちは、田畑の荒地に及んで、この数種の荒地を開いてよい田畑とすれば、国が富強になるのは、手のひらを返すようにたやすいことだ。

二五　徳をつめば天より恵みがある

翁はこう言われた。若い者は毎日よく働きなさい。これは自分の身に徳を積むことだ。おこたり怠けるのを得だと思うのは大きな誤りだ。徳を積めば天より恵みのあることは眼の前のことだ。いま雇い人をもってたとえよう。その男はよく働いて誠実である。来年は私の家に頼もうといい、さらによく働けば聟《むこ》にもらおうとまでいうようになる。これに反する者は、今年は契約したから仕方がないが、来年はことわろうということになるのは判りきっている。無智・短才であっても、よく謹み、よく身をかえりみて、身に過ちがないようにすべきだ。過ちはいいかえれば身のきずだ。古語（『孝経』）に「身体髪膚《はっぷ》これを父母に受く。あえて毀傷《きしょう》せざるは孝の始めなり」とある。人が過ちをすれば身のきずとなることを知らないで、傷さえしなければよいと思うのはまちがっている。また過ちは身のきずとなるばかりではなく、父母兄弟の顔をも汚すことになる。つつしまなくてはならない。

二六　一理を明らかにすれば万理に通ず

翁はこう言われた。凡庸《ぼんよう》の者には複雑なことは記憶ができにくいものだ。たとえば、この茶碗が十や二十あるのは、だれでも数えることができるが、これが四百も五百もあればなかなか間違いなく数えることはできないものだ。数が多い物に番号をつけるときに、二十や三十までは間違うことはないが、三百、四百となると、知らず知らず間違えるものだ。それゆえ私は、ただ一つの理を明らかにすることを大事にするのだ。一理が明らかになれば、万理に通ずる。天地の間で最も知りにくい道理を論ずれば、言論が達者で雄弁の者の勝ちとなろう。だから孔子は、「一もってこれを貫《つらぬ》く」（『論語』里仁篇・衛霊公篇）と言われたのだ。あなた方も、ここに眼をつけてよく考えれば、世界万般の道理は自然に知ることができよう。私の歌に、

古道につもる木の葉をかきわけて
天照す神の足跡を見ん

とあるが、足跡を見ることができれば、万理に通ずることができよう。そうでなくて、いたずらに、仁は何だ、義は何だというのでは、それを聞いても、それを講義しても無益なことだ。そのほかのことは言うまでもなく、聞くまでもない。

二七　悟道論

門人の某は、ふだん悟道論を喜んで、「大きな悟りを開くためには小さな義理には拘泥しない」と言った。翁はこう言われた。儒者は「大行《だいこう》は細瑾《さいきん》を顧みず」（大きな事業に志す者は、小さな事は気にしない。――『史記』）と言って勝手なことをする。僧侶は「大悟は小節に拘わらず」といって、行ないがよくない。これは道の罪人というべきだ。なぜなら、都合のよいことを言うために古言を持ち出して、自分には大行もなく、大悟を夢にみることもないのに、忠告のことばを受けつけない垣根とし、過失をごまかす道具として、人に誇って気がねをすることもないのは、大道の大罪人である。おまえたちが声を大きくして責めてもよいのだ。

二八　凶歳の備え

翁はこう言われた。気候が悪くて、今年は凶年にもなろうかという模様ならば、食料になるべきジャガイモを早く掘りとって、すぐに空いている畑に肥料をやって、そこに植えつけるがよい。次に大根や蕪《かぶ》を蒔き、次に蕎麦《そば》を蒔く。その蕎麦を蒔くときに、蕎麦種の中へ油菜の種をまぜて蒔く。そうすれば、蕎麦が実って刈り取るときには菜も大きくなる。これを蕎麦といっしょに刈り取っても、根も茎も残っているから害がない。蕎麦を刈り取ったあとすぐに肥をやって、中耕して手入れをすると、たちまち菜畑となって生長するものだ。山畑などには、必ずこういう方法でやるがよい。

二九　積善の家に余慶あり

翁はこう言われた。方角で事の禍・福を論じ、日取りで吉だ凶だと言うことが昔からある。世間の人はそれを信じているが、そんな道理があるはずはない。禍福や吉凶は方角や日月などの関係するところではない。それを信ずるのは迷いだ。仏教の真理を悟ったものは、「本来東西なし」とさえいうのである。禍福や吉凶というものは、自分の心と行ないとが招くから来るものであり、また過去の因縁によって来るものでもある。ある名僧が強盗にあったときの歌に、

前の世の借りを返すか今貸すか
　いずれ報いはありとこそ知れ

と詠んだとおりであろう。必ず迷ってはいけない。盗賊は鬼門（北東の方角。悪い方角とされていた）から入ってくるとはきまらず、悪い日にだけ来るわけでもない。締りを忘れるから入ってくるのだと考えるがよい。火の用心を怠れば火事が起ころう。ためしに戸を明けておいて見ればよい。犬が入ってきて食事を求める。これは判りきっている。古語（『易経』）に、「積善の家に余《よ》慶《けい》あり、積不善の家に余殃《よおう》あり」（善い行ないを重ねれば子孫に幸いがあり、悪いことを重ねれば子

孫に不幸が来る）といっている。これは古今を通じて動かない真理だ。決して疑ってはいけない。疑うのは迷いというものだ。米を蒔いて米が実り、麦を蒔いて麦が実るのはもっともなことで、年々歳々変わることがない。これは天然自然の道理だからだ。世間に、物事が成功しない不成就《ふじょうじゅ》日《び》というものがある。ところがこの日にやっても随分成就する。吉日だからといってしたことがきっと成功するわけでもない。吉日を選んでした結婚も離縁になることがある。日を選ばないで結婚しても末長く添いとげることもある。こういうことはけっして信じてはいけない。信ずべきことは、「積善の家に余慶あり」という金言だ。しかし余慶も余殃もすぐにめぐってくるものではない。百日で実る蕎麦があれば、秋に蒔いて翌年の夏に実る麦もある。ことわざに、「桃栗三年、柿八年」というようなものだ。因果にも応報にも、おそい早いがあることを忘れてはいけない。

三〇　天運循環

翁はこう言われた。「本来東西なし」とか、「過不及なし」などというのは、平らな器《うつわ》をみていうことだ。いってみれば天然自然の道理だ。ここに一つの器がある。それに己《おのれ》というものが加わると、その器はかならず傾く。傾けば器の中の水はかならず前後左右に増減する。それを世間では、だれは運がよい、だれは運がないなどというのだ。これは、だれそれという己があるからだ。己がなければ東西もなく、遠近もなく、過不及もない。これは天然自然の道理だ。古語に、「天運循環して往きて復らざるなし」（天体の運行は休みなくめぐっていて、一たび行ってもまた必ず帰ってくる）と言っている。これは傾いた器の水の増減することをいうのだ。だれは運がよい、だれは運がわるいというのもそのことだ。私の歌に、

増減は器傾く水と見よ
あ（こ）ちらに増せばこ（あ）ちらへるなり

と詠んでいるが、みなこのとおりだ。たとえ蓋をしても、目に見えないだけのことで、水の増減することは疑いない。たとえば、薪《まき》を取って、自分で焚《た》かないで売る人は、賤しいようだけれども、それだけの運を増すのだ。この銭《ぜに》で酒をのめば、すぐまたそれだけの運をへらすのだ。田畑へ肥料をやる者は、目の前の利益はなくても、秋になれば実りが多い。そのときに運を増すのだ。田畑を遊び怠けて田畑をほっておいた者は秋になって実りが少ない。このとき運が減じたのを知ろう。みなはっきり判ることで、どんなおろかな人でもこの道理は判ろう。この道理を知って仕事に励むなら、道を悟ったのと同じだ。そのときは何をしても利益がある。これに反したことをすれば何をしても損失がある。まことに判りきった道理だ。

三一　世には吉凶禍福苦楽生滅なし

翁はこう言われた。世にはもともと吉凶禍福とか苦楽生滅というものはない。私が示した一円図のようなものだ。それが吉凶禍福などのあるのは、その中間に己というものを置いて隔てるからだ。万物は土より生じて土に帰るという人があるが、これはまだ不十分な、目先の論だ。これは江戸の人が、旅

に出る人は品川から出て行くと言うようなものだ。江戸を出るには、いくつもの道があって品川にかぎらない。草木が春に生育して秋に枯れるのを見て、秋を無常というが、農家では秋には収穫があって喜ぶのだ。草の上から見ればまことに無常ではあるが、種の上から見れば有常である。だから無常もつねに無常ではなく、有常もつねに有常ではないといった方がよい。

三二　某藩の重臣を諭す

ある藩の重臣の某という人が、翁に藩の財政の方法を尋ねた。そのとき翁はこう言われた。「ここに十万石の大名があるとしますと、これを木にたとえれば、領内の百姓は、その木のまわりの土から、木の根というようなものです。幹と枝葉は藩士にあたりましょう。だから十万石といえば、その領中全体の、神主も僧侶も乞食もみなこの中のものです。この十万石を四公六民とすれば、藩が四分、民が六分になります。ところが、どちらから相談されても、みな藩の財政だけを改革しようとされて、領中のことを相談されることはありません。古語（『大学』）に、『その本乱れて、末治まるものはあらず』とありますが、その本を捨てておいて、末だけをよくしようとしても、順序が違うと苦労はしても効果がないでしょう。実際に藩の疲弊を救おうとするならば、民政もともに改革しなくてはならない。そうでなければ、木の根を捨てておいて、枝葉に肥料をやるようなものです。これはあなたが最も心を用いられなければならないところで、あなたの職務です。御帰藩になって、よくよくお考えになったらよろしいでしょう」と。某氏は「感服感服」と言って帰った。

三三　内に実ありて外に顕わる

翁はこう言われた。内に実《じつ》があって外にあらわれるのは、天然自然の道理である。内に実があって外にあらわれないということは決してない。たとえば日暮れに灯火をつけてみるがよい。付木《つけぎ》（火打石から火を他のものへつけるために、一端に硫黄をつけた薄い木片）に火がつくとすぐに、障子に火の影がうつって、外から家の中に灯火のあることが知れるものだ。そのほか深山の花木や泥の中のどじょうは、自分では知られないつもりでも、人は、「もうあの山には花が咲いた」とか、「この泥の中にはどじょうがいる」と知るものだ。そこをよく考えなくてはいけない。

三四　商業の繁栄は高利を貪らざるにあり

翁はこう言われた。商業が繁栄して大家となるのは、高い利益をむさぼらないで、安い値で売るからだ。高い利益をむさぼらないから、国中の人が買いに集まってくるのは当然のことであるが、売る品もまたそこへ集まってくるのはふしぎなことだ。買うと売るとの間に立つ商人が、高く買って安く売るということはできない。だから、安く売るというのは、買うときも安いであろう。安く買うところへ売る者が集まるというのは実にふしぎだ。これはみな双方で高い利益をむさぼらないた めだ。高い利益をむさぼらないというだけで、買う人も売る人も、両方が集まってきて、次第に富をきずくのだ。これもまたふしぎといえる。商家で高い利益をむさぼらないだけでこうなのだ。

まして私の方法は無利息の貸付法だ。尊ばなくてはならないではないか。

三五　薬師・大日・阿弥陀

翁はこう言われた。「仏説はまことにふしぎなものだ。日輪《にちりん》（太陽）が朝東方に出るときの功徳を名づけて薬師といい、中天に照らすときの功徳を大日《だいにち》といい、夕日の功徳を阿弥陀という。だから、薬師・大日・阿弥陀といっても、実際はそういう仏があるというのではなく、みな太陽の功徳をあらわしたものだ。また大地の功徳を地蔵といい、空中の功徳を虚空蔵《こくぞう》といい、世の音ずれを観ずる功徳を観世音という」と。ある人が「大地の功徳も大きく、虚空の功徳も大きいでしょう。しかし世音を観ずる功徳とはどんなものでしょうか」と尋ねた。そこで翁はこう言われた。「商業などをするものが、みな世の音信をよく考えて利益を求めるのを、観世音の力を念ずるというのだ。観は目で見る字ではなく、心眼で見る字だ。よくよく考えるがよい」と。

三六　安楽自在

翁はこう言われた。農家は作物のためだけを考えて朝夕力を尽し心を尽せば、願わなくても自然に穀物が蔵一杯になるものだ。穀物が蔵にあれば、呼ばなくても魚《さかな》売りも来るし、小間物屋も来るし、何もかも安楽で自由自在だ。また村里を見るに、垣根が丈夫に、住居の掃除が行きとどき、堆肥《たいひ》をたくさん積みかさねてあれば、何となく福々しい感じがする。その家の田畑は隅々まで手入が行きとどき、生育は平均し、そろって見事なものだ。これに反して、実りにも早い遅いがあり、穂先はそろわず、稗も草も入りまじって、何となく見苦しい田畑の作り主の家は、垣根もこわれ、住居も不潔なものだ。またある種の不精者で、困窮はしていながら家居は清潔に住む者もある。これは垣根なども行きとどいてはいるが、家には俵もなく、農具もなく、庭には堆肥もなくて、何となくさみしいものだ。また人気が不和の村里は、家のまわりの竹木もふぞろいで、道路は悪く、堰《せき》や用水路には笹が茂るなど、見苦しいものだ。こういう観察法はたいてい狂いがないものだ。

三七　因果の理

翁はこう言われた。因果の理というものを、柿の木で説明してみよう。柿の実を見なさい。人に食べられるか、鳥の餌になるか、落ちて腐るか、まだそこまでは判らないときに、枝葉のかげにあるときの精力の運びかたいかんで、実が熟して町に売り出されるとき、三厘になることもあり、五厘にもなり、一銭にもなる。その始めは同じ柿でも、熟するにつれて、このようにまちまちの値がつくのは、みなその過去の、枝にあるときの精力の運びかたの因縁によるものだ。天地間の万物はみな同じだ。かすかで見えないうちに生育して、人の手に入ってその徳をあらわすものだ。人もまた同じだ。親の手もとにあるときに身を修めて諸芸を学び、よく勤めて得た徳によって一生の業は立つものだ。だいたい、人が若いときによく学べばよかったと後悔心が出るのは、柿が市《いち》に出てから、いま少し精気を運んで、太く甘くなればよかったと思うのと同じだ。後悔は先には立たないのだ。古人に、前に悔《く》やめと教えている人もある。若い人はよく考えるべきだ。それゆえ修行というものは、いるかいらないか、用に立つか立たないか判らないうちに、よく学んでおくがよい。そうしなければ用に立たないものだ。柿も枝葉の間にあるうちに太くならなければ、市《いち》に出てからではどうにもならないのと同じだ。これがすなわち因果の道理だ。

三八　諸行無常

翁はこう言われた。仏は諸行無常という。世の中で行なわれるすべてのものは、みな常に無いものだ。それを有ると見るのは迷いだ。おまえたちの命も、おまえたちの身体《からだ》もみなそうだ。長短・遅速はあっても、みな有るのではない。有ると思うのは迷いだ。本来は長短もなく、遅速もなく、遠近もなく、生死もない。蜉蝣《かげろう》の一時《いっとき》の命を短いと見、鶴亀の千年の寿《よわい》を長いと思うのも、みな迷いだ。そうではあるが、この道理はみえにくい。人に見えるのは遠近だけである。これは私の悟道の入門の歌だ。

見渡せば遠き近きはなかりけり
おのれ〳〵が住処《すみど》にぞある

見渡せば生死生滅もない。見渡せば善も悪もない。見渡せば憎いもかわいいもない。この歌を感ずればその道理がわかるはずだ。生というのも死というのも、ともに無常であって、頼みにならないことは明白だ。氷と水とを見るがよい。何を生といい、何を死というのか。水は寒気に感じて氷となり、氷は暖気に感じて水となる。けさは寒いと思っても、一朝暖気になれば、たちまちに消えるのをどうすることもできない。水か氷か、氷か水か、生か死か、死か生か、何を生といい、何を死というのか。諸行無常であることがわかる。そしてまた、無常も無常ではなく、有常も有常ではない。惜しい、欲しい、憎い、かわいい、どれもこれもみな迷いだ。このように迷うから三界城《さんかいじょう》という堅固なものができて、人を恨み、人をねたみ、人をそねみ、人に憤り、それによって種々の悪果を結ぶのだ。これを諸行無常と悟れば、世界全体は空《くう》となって、恨むのも、ねたむのも、憎むのも、憤るのも、ばかばかしくなるのだ。そこの所に到達すれば、自然に怨念《おんねん》も死霊も退散する。それを悟りという。悟るのを成仏《じょうぶつ》というのだ。よく味わって悟りの門に入るがよい。

三九　智者と仁者の違い　翁はこう言われた。古語（『老子』）に、「功成り名遂《と》げて身退くは天の道なり」と言っている。天道とは実にそういうものなのだ。しかし、これを人道で行なう人は智者と言うべきで、仁者と言ってはならない。なぜなら、まったくよく尽すというところまではいかないからだ。

四〇　智者の言葉　斎藤高行《たかゆき》が言った。「儒者が仏者に、『地獄の釜はだれが作ったのか』と尋ねた。すると仏者は答えて『郭公（郭巨のこと、二十四孝の一人）が掘り出した黄金の釜と同じ人の作だ』と言ったという。おもしろい話ではありませんか」と。翁が言われるには、「それはおもしろい。しかし智者の言うことで、仁者の言ではないから称賛するには及ばない」と。

四一　長ずる所を友とす

翁はこう言われた。『論語』（学而篇・子罕篇）に、「己に如《し》かざる者を友とすることなかれ」とあるのを、世間にはとりちがえている人がいる。人々にはそれぞれ長所もあり、短所もあるのは仕方がない。だから、相手の人の長じているところを友として、劣っているところを友としてはいけないという意味にとるがよい。たとえば、相手の人の短所を捨てて、その人の長所を友とするのだ。多くの人のなかには、才能がない人にも書のうまい人もあろう。世間のことにうとい学者もあろう。無学でも世事に賢い人もあろう。文字は書けなくても農業にくわしい者もあろう。みなその長所を友にして、短所を友にするなということだ。

四二　私物を取り捨てるの工夫

翁はこう言われた。心が狭くちぢこまっていては、真の道理を見ることはできないものだ。世界は広いものだから、心も広く持たなくてはいけない。しかし、その広い世界も、己といい、我というものを一つその中に置いて見ると、世界の道理は、その己に隔てられ、見えるところは半分になるものだ。己というもので半分を見ていると、借りた物は返さないほうがつごうがよく、人の物を盗むのは最もつごうがよかろうが、この隔てとなっている己というものを取り捨てて広く見れば、借りた物は返さなくてはならない道理が明らかに見え、盗むということは悪事であることも明らかにわかるのだ。それゆえ、己という私物を取り捨てる工夫が第一だ。儒も仏も、この取り捨てかたを教えるのを肝要としている。『論語』(顔淵篇)に、「己に克《か》って礼に復《かえ》れ」と教えているのも、仏では見性《けんしょう》といい、悟道といい、転迷《てんめい》というのも、みなこの私を取り捨てる修行である。この私という一物を取り捨てれば、万物が不生不滅・不増不減の道理もまた明らかに見えるのだ。

このように明白な世界ではあるが、己を中間に置いて彼《かれ》と是《これ》とを隔てれば、たちどころに得失・損益・増減・生滅などの種々無量の境界が現出するのだ。恐ろしいことだ。しかし、これもまた仕方のないことでもある。それは、豆が草になれば、豆の実を見ることはできない。豆が実になるときは豆の草はできない世界だから、万物の霊である人であっても免れることはできない。この免れがたいところを免れるのを悟りといい、免れないのを迷いというのだ。私のたわむれに詠んだ歌に、

穀物の夫食《ふじき》となるも味も香も
草より出でて草になるまで
百草の根も葉も枝も花も実も
種より出でて種になるまで

この道理を示す一つだ。そう言って笑われた。

四三　勤・倹・譲の三つ

翁はこう言われた。わが道は、勤・倹・譲の三つにある。勤というのは、衣食住になるべき品物を勤めて産出することだ。倹とは、産出した品物をむやみと消費しないことをいうのだ。譲は、この二つを他に及ぼすことをいう。さて譲には種々ある。今年の物を来年のために貯えるのも譲である。それから、子孫に譲ると、親戚・朋友に譲ると、郷里に譲ると、国家に譲るとである。その身その身の分限によって勤めて行ならがよい。たとえ一季・半季（一年か半年）の雇人《やといにん》でも、今年の物を来年に譲るのと、子孫に譲るのとの譲りはきっと勤めなくてはいけない。この三つは、鼎《かなえ》の三本足のようなものだ。一つも欠くことはできない。必ずともに行なわなくてはならない。

四四　草木に移して中を説く

ある人が翁に尋ねた。「今日『中庸』の講釈を聞きましたが、まことにむつかしい講釈で、聞いてもわかりませんでした。『喜・怒・哀・楽がまだ出ないのを中《ちゅう》という』とは、どういう道理でしょうか」と。翁はこう言われた。「これは最もむつかしい道理だ。しかしこれを他の物に移して説明すれば了解のできるものだ。これを草木にたとえて言えば、根・幹・枝・葉がまだ出ないのを種というと言いかえることができる。これを草木に移してみて、そのあとで中というものの何であるかを考えるのが近道とする。どうか、わかったか」と。その人は感謝して帰って行った。

四五　小を積んで大をなす

翁はこう言われた。世間の人は、とかく小さいことをいやがって大きな事をしたがるが、本来、大は小が積もったものだ。だから小を積んで大をなすよりほかに方法はないのだ。国中の田は広大無辺で数限りもない。しかしその田地はみな一鍬ずつ耕し、一株ずつ植え、一株ずつ刈り取るのだ。田一反を耕す鍬の数は三万以上だ。その稲の株数は一万五千内外であろう。みな一株ずつ植えて、一株ずつ刈るのだ。その田から実った米粒一升の数は六万四千八百余ある。この米を白米にするときは、一臼の杵《きね》の数は千五、六百以上である。その手数はたいへんなものではないか。小さいことを勤めなくてはならないことがよくわかるではないか。

四六　『大学』の三綱領は二綱領なり

翁はこう言われた。「明徳を明らかにするにあり」「民を親《あらた》にするにあり」「至善に止《とど》まるにあり」の三つを、学者はみな『大学』の三綱領というが、「至善に止まる」の至善とは何か明らかではない。私はひそかに、実際は二綱領だと考えている。なぜなら、「明徳を明らかにする」というのは、道徳の極点である。「民を親にする」(民を教化して善に導く。親は新)というのは、国家を治める極点である。その上に、「至善に止まる」というが、「明徳を明らかにする」というのと、「民を親にする」というのとのほかに、至善をなすというものはないと思うからだ。そこで、三綱領といっても、実は二綱領と心得てよいのだ。

四七　悟道の捷径

翁は、日光御神領の復興法の取調帳数十冊を指してこう言われた。「この復興法の計算は、ひとり日光のことだけではなく、国家復興の計算である。日光神領の文字はまことに当を得ていて、世界のこととみてよい。したがってこの帳簿は計算書と見てはよくない。これはみな一つ一つが悟道で、天地自然の道理だ。天地というものは昼夜変満して、ちがいもなければいつわりもない。算術もまたそうだ。それゆえ、算術をかりて、世界が変満するのはこういう道理であるから、決して油断はできないぞと示して戒めたのである。この帳面を開いたなら、初めの一を、何になりとも定めて見るがよい。善なり、悪なり、邪なり、正なり、直なり、曲なり、何なりと定めておいて見れば、元によって利益を生み、利益が返ってまた元となり、その元に利がつき、それをくり返しくり返し、仏説で因果因果と引きつづいて年々歳々絶えないのは、これと同じだ。たとえば毎朝自分が先に眼をさまして人を起こすか、また人に毎朝起こされるか、この一事でも知れよう。

人世は一刻勤めれば一刻だけ、一時働けば一時だけ、半日勤めれば半日だけ、善悪・邪正・曲直がみなこの計算のように、一厘ちがえば一厘だけ、五厘ちがえば五厘だけ、多ければ多いだけ、少なければ少ないだけ、このとおりになると、みな百八十年あとのことまでを明細に調べ上げたものだ。朝早く起きた因縁で麦が多く取れ、麦が多く取れた因縁で田を多く作り、田を多く作った因縁で馬を買い、馬を買い求めた因縁で田畑がよくでき、田畑がよくできた因縁で田がふえ、田がふえた因縁で金を貸し、金を貸した因縁で利息がとれる。年々こうなっていくので富有者となるのだ。富有者が貧困になっていくのもまたこの道理によるのだ。原野の草、山林の木の生長もまた同じ理屈だ。春に伸びた力で秋に根を張り、秋に根を張った力で春に伸び、去年伸びた力で今年太り、今年太った力で来年また太るのだ。

天地間の万物もみなそうだ。これを理論でいうときは、種々の異論があってめんどうであるから、私は算術をかりて示したのだ。算術で示せば、どんな悟道者でも、どんな論客でも一言もない。天地が開けた昔、人も禽獣もまだないときから違うことのないものを証拠にして、天地間の道理はこういうものだぞと知らせたのだ。決して、この帳面を計算書と見るな。数ははずれることがないものだ。この数理によって道理を悟るがよい。これが悟道の近道である」

そのとき、弁算和尚がそばにいて、「これこそまことの一切経である。仰ぐべく尊ぶべきものだ」と言われた。

四八　上中下の別

翁はこう言われた。国に上中下があり、上国の土にもまた上中下があり、下国の土にも上中下がある。あるいは上といい、下というが、名は同じでも、所が違えばその実も大いに違う。なぜなら、下国の上田というものは、上国の下田にも及ばない。まして中田・下田はいうまでもない。上国の下田は、下国の上田に比べれば、はるかにまさっている。まして中田・上田はなおさらである。しかも下国の上田の租税は、上国の下田の租税の二倍にもなり、ほぼ上田の租税に近い。上国の下田の租税は、下国の上田の租税に比べれば、その半分で、下田の租に近い。諸役銭や高掛り①もこれに準じている。そこで上国の民はますます富裕となり、下国の民は離散・逃亡をしないわけにはいかなくなるのだ。下野・常陸の土は痩せていて利益が少ない。その上田は上国の下田のようなものだ。だから上国の下田の租率で下国の上田の収納をきめ、中も下もこれにならって租税額をきめれば、富裕になるのは上国には及ばないが、どうして衰亡することがあろう。上にいる者がよく心を用いなくてはならないところだ。

訳注

一九（1）金銀引替御用　幕府で金銀貨を改鋳したときに、新貨幣と旧貨幣とを引き替える業務を請け負って、その手数料を得る者。

二六（1）冥加人足　領民側から提供する人足。冥加金などと同じに、領主の恩恵に感謝して無償で差し出す意味のもの。

二八（1）富士講で有名な三志　戦国末期に長谷川角行が出て、苦行や祈願を行ない、信者が集まった。角行は正保三年（一六四六）、一〇六歳で富士山麓の人穴の中で没したが、弟子たちが跡をつぎ、元禄・享保ごろに村上光清派と伊藤食行《じきぎょう》派との二つに分かれ、のちさらに数派に分裂したが、信仰は年ごとに盛んになった。食行は身禄《みろく》ともいうが、その教えは末女の花子に伝わり、花子より花形浪江に授けたが、浪江は俗名は伊藤伊兵衛で、号は参行という。その教えを受けたのが武蔵国足立郡鳩ガ谷宿の三志、すなわち小谷庄兵衛で、三志のときに教義を大成した。三志は号を禄行といい、全国を周遊して、その教えを説き、忠孝・力耕・慈倹・不争を行とした。明治維新後、富士講は神仏分離とともに扶桑教会となり、明治十五年（一八八二）に扶桑教として独立した。

四七（1）賀茂の社人で梅辻　梅辻規清。京都上賀茂の社家。本姓は賀茂氏。報清の子。文化十年（一八一三）、従五位下佐渡守に叙任。のち江戸に下り、弘化三年（一八四六）、下谷池ノ端仲町に瑞烏園を開いて神道を説いた。大名より庶民まで数千の聴講者があったが、幕府の忌諱にふれ、嘉永元年（一八四八）、八丈島に流され、文久元年（一八六一）、同地で六十四歳で病没した。著書に『日本書紀常世長鳴鳥《とこよのながなきどり》』『斎庭之穂《ゆにわのいなほ》』『蟻の念』などがある。『斎庭之穂』は常平倉による小民の救済策を説いたもの、『蟻の念』は印旛沼開鑿事業の献策書である。海防策・沼地開発・貧民救助等について老中に献策したものの一部であろうという。

五〇　(1) 相州大磯宿の川崎某　東海道大磯宿の穀物問屋川崎屋孫右衛門。私欲が強く、宿民からも嫌われていたが、天保七年（一八三六）の凶作のあとの打ちこわしにあい、孫右衛門も入牢させられたが、親戚の加藤宗兵衛が尊徳の教えによって孫右衛門を改心させ、同九年、出牢後は、家財を売って千両の報徳金を大磯宿に差し出し、これより孫右衛門の人となりも変わり、人々から尊敬されるようになった。

五一　(1) 山内董正　幕府の代官、通称は総左衛門、字は治卿、号は鴻谷。天保十四年（一八四三）、真岡の代官となったが、尊徳はその手付となったので、東郷または真岡の陣屋に勤めた。尊徳の仕法にはある程度の理解を示したが、他の属吏と尊徳との間に意見が対立することもあった。董正は後に駿府に転任し、万延元年（一八六〇）に七十二歳で没したという。『田園類説』の増補校訂者で、農政にはくわしかった。

六八　(1) 無利息金貸付の法　困窮者に利息なしで報徳金を貸す方法。借金をして、利息は払えるが元金は返済できないような者に貸し与えて、借金を返済させ、五年・七年または十年の年賦で報徳金を返させる。それが終わると、お礼の意味で一年間は出金させるから、まったくの無利息ではない。

七五　(1) 曽点の章　孔子のそばに、子路・曽皙《せき》・冉有・公西華の四人の門人が坐っていたときのこと、孔子が四人に思い思いの意見を述べさせたところ、子路は、千台の戦車を持つほどのなみの国家を三年間で強国にすることができると言い、冉有は、方六、七十里か五、六十里の小国の民の生活を三年間で満足なものにしてやれると言い、公西華は、国王の祖先のお祭や外国の主君との会合に、礼服を着て、儀式の進行係をしたいと言った。最後に曽皙は、春の終りごろに、春の晴れ着をつけて、冠をかぶった大人の従者五、六人、子供の従者六、七人をつれて、沂水《きすい》でみそぎをして、そこの雨乞いの台で舞をまわせてから歌を口ずさみながら帰ってきたいと答えた。孔子は、私も曽皙に賛成だと言ったという。曽皙は、名は点、皙は字。曽参《そうしん》（曽子）の父。

九八　(1) 十分一の税法　『論語』の「顔淵篇」にある話。十分の一の税法というのは、周の賦税法で、徹《てつ》と呼ばれたもの。井田法ともいい、農民が収穫の十分の一を納めるものである。哀公は、「十分の二を徴収しても足りないのに、十分の一法にしたらどうなるか」とたずねると、有若は、「人民の生活が豊かになれば、王も自然に豊かになるではありませんか」と答えた。有若は孔子の弟子で、孔子に容貌が似ていたので、孔子の死後、門人たちは有若を師の座につかせて、生前と同じように仕えて、追慕の情をあらわしたという。

一〇五（1）牛枠　牛枠というのは、治水の用具で、護岸の堤防の根固めに用いたり、水流の強さを押えるために使う。近世後期には、牛枠には大聖牛《おおひじりうし》をはじめ、各種のものができ、長い連続堤を支えるようになった。

（2）蛇籠　蛇籠は丸く細長く編んだ籠の中に石を詰めたもの。護岸工事に多く用いられる。籠には竹・柳・藤・葡萄のつるなどを用いる。ならべると蛇体に見えるところから名がついた。

一四七（1）只有明の月ぞ残れる　『小倉百人一首』にある後徳大寺左大臣の歌。もとは『千載和歌集』にある。後徳大寺左大臣は藤原実定。後鳥羽天皇のころの人。この歌の解釈は尊徳流のものである。

一六八（1）王裒　晋の王裒は、父が文帝に殺されたので、終世仕官せず、隠居して教授にあたった。墓の近くに盧《いおり》を設け、朝晩墓所にいたって拝伏し、柏によじのぼって悲泣したので、涙のために柏が枯れたという。母が雷を恐れたので、母の死後は雷が鳴るごとにその墓に行き、「裒がここにいます」と言った。『詩経』を読んで、蓼莪の篇に及ぶと涙を流してやまないので、ついに門人はその篇を廃したという。

（2）朱寿昌　朱寿昌は宋の人で、父は巽。役人となったが、母が巽の妾で、のちに民間に嫁いで、五十年に及んで逢うことがなかった。そこで官を捨て、『金剛経』を血書して母を探し、ようやく陝州で探しあてて帰郷した。王安石や蘇軾が詩を作って賞賛した。

二三三（1）『梧窓漫筆』　六巻あり、三編に分かれる。四書・九経などの本文によって実践倫理の道などを説いたもの。ほかに『梧窓漫筆拾遺』一巻がある。

二五四（1）諸役銭や高掛り　諸役銭は、貨幣で納入する雑税。高掛りは、石高に課せられた税で、幕領では御蔵前入用米・六尺給米・伝馬宿入用米を高掛り三役と称した。

年譜

注
1 年齢は数えどしである。
2 町田時左衛門「二宮金次郎に付申上候書付」、二宮金次郎「勤方住居奉窺候書付」、佐々井信太郎「二宮尊徳伝」などを参考にして作成した。

一七八七年 天明七年
七月二十三日、小田原在栢山《かやま》村に生まれる。父利右衛門（三十五歳）・母好《よし》（二十一歳）の長男。

一七九一年 寛政三年 五歳
五月、江戸で米屋の打ちこわし。六月、松平定信、老中首座。
八月、関東大風雨で酒匂川堤防決壊、耕地の多くが荒地となる。

一八〇〇年 寛政十二年 十四歳
九月、父利右衛門（四十八歳）没する。
五月、伊能忠敬、北海道の測量開始。

一八〇二年 享和二年 十六歳
四月、母好（三十六歳）没する。弟友吉（十三歳）・富次郎（四歳）を母の実家に託し、親類万兵衛方に寄食、荒地に油菜を植える。

一八〇三年 享和三年 十七歳

この年、用水堀の空地に棄苗を植え、米一俵余を得たという。
七月、小田原藩主大久保忠真、武器整備・倹約厳守・旧弊改正を家中に申し渡す。

一八〇九年　文化六年　二十三歳

八月、総本家再興の基金をつくる。

一八一〇年　文化七年　二十四歳

十月、江戸へ行く。十一月、伊勢・京都・奈良・吉野・大坂・琴平をめぐる。十二月、自宅を修理。

一八一二年　文化九年　二十六歳

この年、小田原藩士二二〇〇石取り服部十郎兵衛の中間となる。
八月、高田屋嘉兵衛、国後《くなしり》島海上でロシア船に逮捕される。

一八一五年　文化十二年　二十九歳

二月、服部家より帰る。十二月、「服部家御家政取直仕法帳」起草。
この年、杉田玄白（八十三歳）、『蘭学事始』を著わす。

一八一七年　文化十四年　三十一歳

一月、『孝経』を求める。二月、中島弥之右衛門の娘きの（十九歳）と結婚。
三月、小田原大火。同年、大蔵永常『農具便利論』を著わす。

一八一八年　文政元年　三十二歳

三月、服部家の仕法を引き受ける。八月、大久保忠真、老中となり、十一月、酒匂川河原で二宮らを表彰。農政六ヵ条を公布。
四月、伊能忠敬（七十四歳）没する。

一八一九年　文政二年　三十三歳
一月、長男徳太郎誕生（二月没）。三月、妻きのを離別。
この年、塙保己一（七十四歳）、『群書類従』（正編）刊行終了。
一八二〇年　文政三年　三十四歳
四月、飯泉村岡田峯右衛門の娘波（十六歳）と結婚。十月、考案の年貢枡を献上。十一月、下級藩士のため低利貸付法と五常講を立案。十二月、成田村小源次に宛てて農政六ヵ条など批判。
一八二一年　文政四年　三十五歳
一月、伊勢参宮。八月、鵜沢作右衛門に『大和俗訓』を、服部十郎兵衛に『書経』を贈る。宇津家知行所桜町三ヵ村の調査に出発。九月、嫡男弥太郎誕生。
一月、幕府、荒地損毛による知行村替願を不許可とする。
一八二二年　文政五年　三十六歳
三月、宇津家領地開発を命ぜられる。待遇名主役格、高五石二人扶持。九月、桜町に到着。十二月、西物井百姓所有の不動尊再建に金二朱寄付。
一月、小田原藩学問所集成館なる。
一八二三年　文政六年　三十七歳
二月、桜町引越料五十両受け取る。三月、家・田畑・道具を売り栢山を出発、妻子同行。七月、投票により耕作努力者表彰。十二月、借金のない十四名を表彰し、翌年の年貢を免除する。
一八二六年　文政九年　四十歳
三月、富士講をきく。五月、二宮、御組徒格《かち》となる。七月、極難者に米一俵から三俵救助。この年、入百姓の逃亡つづく。
九月、無宿や百姓・町人の長脇差を禁じ、所持者を死罪とする。
一八二七年　文政十年　四十一歳
二月、病気で引き籠る。七月から年末まで村役人の辞職つづく。十二月、豊田正作赴任。この年、桜町領人返し令を発する。
四月、幕府、関東取締出役の機能を強化。
一八二八年　文政十一年　四十二歳
四月、郡奉行配下より大勘定奉行配下となる。五月、横田村に出水。二宮、辞職願を提出。四月、小田原藩武州領上知。
十月、シーボルト事件起こる。水野忠邦、老中となる。この年、佐藤信淵、江戸湾埋立て造成を主張。
一八二九年　文政十二年　四十三歳
一月、江戸へ行き四月まで失踪。三月、豊田正作召還。五月、宇津家江戸邸に落文があり、桜町百姓も取り調べられる。
三月、江戸大火。十一月、鶴屋南北（七十五歳）死す。
一八三〇年　天保元年　四十四歳
十二月、江戸で宇津家の分度を立てる。
閏三月、文政のお蔭参り大流行。大原幽学、社会教化を決意。
一八三一年　天保二年　四十五歳
一月、宇津家桜町領第一期仕法終了。この年、常陸国真壁郡青木村の百姓ら、仕法を出願。

一八三二年　天保三年　四十六歳

七月、青木村堰仮工事着手。

一八三三年　天保四年　四十七歳

二月、旗本川副氏、領地青木村の仕法を公式に依頼。三月、青木村の桜川堰視察。九月、桜町の米穀移出を禁じ、各戸の米穀貯蔵量を調べ、多い者に農具を与える。

十一月、烏山領九ヵ村の百姓二百人、城下の米屋を打ちこわす。

一八三四年　天保五年　四十八歳

二月、徒士格に進む。七月、『報徳訓』の題名を藩などに問い合わせる。八月、鳩ヶ谷三志、陣屋に来る。十月、宇都宮柴田屋よりオランダ時計を借りる。十二月、谷田部・茂木領の仕法はじまる。この秋、『三才報徳金毛録』を著わす。

九月、大蔵永常（六十七歳）、三河田原藩の産業開発に従事。

一八三五年　天保六年　四十九歳

六月、細川長門守興徳と谷田部・茂木領仕法で面談。

九月、藩主大久保忠真、勝手掛老中となる。十二月、宇津釩之助、仕法十四年目で出仕する。

一八三六年　天保七年　五十歳

春より陣屋一同禁酒。九月、烏山藩が、飢饉の救援を求めたので、穀類を送る。このころ二宮に下野永住の内意があった。

十二月、幕府、関東困民騒動鎮圧方を命令。

一八三七年　天保八年　五十一歳

二月、藩主忠真、領民救済のため御手元金千両を下賜。三月より小田原領内四万余人に食料の貸付などを行なう。

六月、烏山藩の仕法始まる。十二月、桜町三ヵ村を引き渡す。

二月、大塩平八郎（四十五歳）の乱。三月、忠真（五十七歳）没する。後任勝手掛は水野忠邦。四月、将軍家斉、西ノ丸に退隠。

一八三八年　天保九年　五十二歳

二月、小田原領鴨宮の三新田仕法を始める。

六月、下野国那須郡の世情不穏、集会・落文行なわれる。九月、大原幽学、長部村に先祖株組合結成。十月、中山みき、神がかりとなり、天理教を開く。

一八三九年　天保十年　五十三歳

九月、川副家領地九ヵ村の仕法を依頼される。富田高慶入門。十一月、小田原に行き、曽比・竹松村の仕法を開始。

十二月、烏山藩仕法中止（天保十三年、再興）、菅谷八郎右衛門追放。

五月、蛮社の獄起こる。十二月、水野忠邦、老中首座となる。

一八四〇年　天保十一年　五十四歳

一月から六月まで小田原付近の仕法を行なう（藤曲村・片岡村・多田村など）。十一月、御厨村の仕法始まる。谷田部・茂木領の仕法中止。

二月、アヘン戦争起こる。十一月、三方領知替を発表。

一八四一年　天保十二年　五十五歳

七月、『江戸繁昌記』の寺門静軒、桜町陣屋に来る。

二月、大原幽学、長部村の土地分合・耕地整理開始。五月、天保改革令出る。七月、三方領知替中止。十月、農民の副業禁止。

一八四二年　天保十三年　五十六歳

七月、安居院庄七ら来る。上総国代官兼勘定組頭篠田藤四郎より、富津出張を要請される。ついで水野忠邦より出頭命令。十月、幕府の御普請役格に登用される。利根川分水路見分目論見御用・手賀沼悪水掘割水盛見分御用をつとめる。

五月、小田原藩、倹約令を出す。九月、農民の機業地への流出を戒める。十一月、非人・無宿らの帰郷令。

一八四三年　天保十四年　五十七歳

一月、下総国大生郷村を見分。六月、青木村、新旧対立で水戸藩に駕籠訴。七月、御勘定所付御料所陣屋手付となる。閏九月、上知令撤回で下館・烏山の仕法弛緩する。

閏九月、水野忠邦、老中を罷免される。

一八四四年　弘化元年　五十八歳

三月、古河藩家老鷹見泉石と交渉、四月、鷹見宅で世界地図を見る。日光神領荒地起し返しの仕法目論見の提出を命ぜられる。

六月、印旛沼開鑿中止。同年、大蔵永常『広益国産考』を著述。

一八四五年　弘化二年　五十九歳

一月、江戸大火で罹災。三月、尊徳の印鑑をつくる。九月、斎藤高行入門。十一月、福住正兄入門。相馬領成田村の仕法開業に富田高慶を派遣。

一八四六年　弘化三年　六十歳

二月、下館藩、灰塚など三ヵ村の仕法始まる。六月、日光再興策御仕法雛形六十巻を献上。七月、小田原仕法廃止。

五月、浦賀に米船来航、小田原藩中、武具質入れのため困惑。

一八四七年　弘化四年　六十一歳

五月、御勘定所付御料所手付を免ぜられ、真岡代官山内董正の手付となる。十一月、青木村山籠り一件起こる。十二月、発病。

一八四八年　嘉永元年　六十二歳

三月、小田原の福山滝助と江戸で対面。九月、東郷陣屋へ移転。十二月、烏山藩に出張、仕法結着を促す。遠州、岡田佐平次・安居院庄七の指導で、牛岡組報徳社を創立。

七月、大原幽学、信州小諸に先祖株組合を結成。

一八四九年　嘉永二年　六十三歳

一月、相馬藩近習、伊藤発身、入門。

閏四月、英船、江戸湾を測量。

一八五〇年　嘉永三年　六十四歳

十月、福住正兄、門人を辞し、箱根湯本福住楼を相続。同年、真岡代官所支配の東郷など十四ヵ村の仕法開始。

一月、佐藤信淵（八十二歳）没する。

一八五一年　嘉永四年　六十五歳

一月、日光御貸付所に小田原藩よりの五千両余を加入する願書を出す。六月、嫡男弥太郎、御用向見習を命ぜられる。七月、富田高慶、『報徳論』を山内董正に差し出す。

八月、漂流の中浜万次郎、鹿児島に着く。

一八五二年　嘉永五年　六十六歳

一月、墓参のため小田原訪問、藩の許可なく農民と接触することを禁じられる。四月、弥太郎、高島藩の三宅頼母の長女鉸子（十七歳）と結婚。八月、長女文、富田高慶と結婚。

二月、大原幽学、関東取締出役の取り調べを受ける。

一八五三年　嘉永六年　　　六十七歳

二月、日光奉行手付に転任。六月、病を押して日光に登る。七月、長女文、死亡。九月、安居院庄七・岡田佐平治、来訪。

六月、ペリー、浦賀に来航。この年、大原幽学、村預けとなる。

一八五四年　安政元年　　　六十八歳

二月、弥太郎、御普請役格見習となる。八月、岡田良一郎、入門。

一月、ペリー、浦賀に再航。三月、吉田松陰、密航を企てる。

一八五五年　安政二年　　　六十九歳

四月、今市に移転。五月、函館奉行より蝦夷開拓につき門人の派遣を要請される。

一八五六年　安政三年　　　七十歳

二月、御普請役に進み、三十俵三人扶持となる。十月二十日、病死。法号は誠明院功誉報徳中正居士、今市の如来寺に葬られる。十一月、富田高慶『報徳記』を著わす。

中公
クラシックス
J47

二宮翁夜話《にのみやおうやわ》

二宮尊徳《にのみやそんとく》

2012年3月10日初版
2024年7月25日7版

訳　者　児玉幸多

発行者　安部順一

印刷　TOPPANクロレ
製本　TOPPANクロレ

発行所　中央公論新社
〒100-8152
東京都千代田区大手町1-7-1
電話　販売　03-5299-1730
　　　編集　03-5299-1740
URL https://www.chuko.co.jp/

訳者紹介

児玉幸多（こだま・こうた）
1909年生まれ。東京帝国大学国史学科卒。学習院大学教授、学長を経て同大名誉教授。日本近世史、農村史、近世交通史専攻。主著『江戸時代の農民生活』『佐倉惣五郎』『日本の歴史16　元禄時代』『中山道を歩く』などのほか、『くずし字解読辞典』など編著多数。2007年死去。

Published by CHUOKORON-SHINSHA, INC.
Printed in Japan　ISBN978-4-12-160132-2　C1221

■「終焉」からの始まり
――『中公クラシックス』刊行にあたって

二十一世紀は、いくつかのめざましい「終焉」とともに始まった。工業化が国家の最大の標語であった時代が終わり、イデオロギーの対立が人びとの考えかたを枠づけていた世紀が去った。歴史の「進歩」を謳歌し、「近代」を人類史のなかで特権的な地位に置いてきた思想風潮が、過去のものとなった。

人びとの思考は百年の呪縛から解放されたが、そのあとに得たものは必ずしも自由ではなかった。固定観念の崩壊のあとには価値観の動揺が広がり、ものごとの意味を考えようとする気力に衰えがめだつ。おりから社会は爆発的な情報の氾濫に洗われ、人びとは視野を拡散させ、その日暮らしの狂騒に追われている。株価から醜聞の報道まで、刺戟的だが移ろいやすい「情報」に埋没している。応接に疲れた現代人はそれらを脈絡づけ、体系化をめざす「知識」の作業を怠りがちになろうとしている。

だが皮肉なことに、ものごとの意味づけと新しい価値観の構築が、今ほど強く人類に迫られている時代も稀だといえる。自由と平等の関係、愛と家族の姿、教育や職業の理想、科学技術のひき起こす倫理の問題など、文明の森羅万象が歴史的な考えなおしを要求している。今をどう生きるかを知るために、あらためて問題を脈絡づけ、思考の透視図を手づくりにすることが焦眉の急なのである。

ふり返ればすべての古典は混迷の時代に、それぞれの時代の価値観の考えなおしとして創造された。それは現代人に思索の模範を授けるだけでなく、かつて同様の混迷に苦しみ、それに耐えた強靭な心の先例として勇気を与えるだろう。そして幸い進歩思想の傲慢さを捨てた現代人は、すべての古典に寛く開かれた感受性を用意しているはずなのである。

（二〇〇一年四月）